儒家文明省部共建协同创新中心研究成果

好恶与治道

黄道周《缁衣集传》思想研究

蔡杰 ◎ 著

齐鲁书社

·济南·

图书在版编目（CIP）数据

好恶与治道：黄道周《缁衣集传》思想研究 / 蔡杰
著. -- 济南：齐鲁书社, 2024.9. -- ISBN 978-7
-5333-5038-3

Ⅰ. B248.995

中国国家版本馆CIP数据核字第2024W13G53号

责任编辑　刘　强
装帧设计　亓旭欣

好恶与治道：黄道周《缁衣集传》思想研究
HAOWU YU ZHIDAO HUANGDAOZHOU ZIYI JIZHUAN SIXIANG YANJIU

蔡杰　著

主管单位　山东出版传媒股份有限公司
出版发行　齐鲁书社
社　　址　济南市市中区舜耕路517号
邮　　编　250003
网　　址　www.qlss.com.cn
电子邮箱　qilupress@126.com
营销中心　（0531）82098521　82098519　82098517
印　　刷　山东华立印务有限公司
开　　本　880mm×1230mm　1/32
印　　张　7.25
插　　页　2
字　　数　157千
版　　次　2024年9月第1版
印　　次　2024年9月第1次印刷
标准书号　ISBN 978-7-5333-5038-3
定　　价　49.00元

目　录

前　言

黄道周的治学历程与思想特征

晚明时期的思想家，普遍对阳明后学展开批判与反思。从更宏观的学术史角度看，这其实也是对整个宋明理学的反思，最终诱发了以经学解构理学的动向。黄道周是这一学术转型过程中的重要思想家。他本身作为一位思想精深的理学家，却提出回归经学的主张。这就在一个人身上深刻地反映出明清之际学术转型的特点。以往学者对黄道周思想的刻画，多是从理学方面着力，例如陈来《黄道周的生平与思想》主要从论北宋五子、朱陆、王学的角度展现黄道周的学术倾向，并分析黄道周论性与气质、格致工夫、心性定静、戒惧慎独等诸多方面，较为全面地展现黄道周的理学思想面貌。① 然而陈来也注意到，"他的思想虽然是明代儒学的一支，但确非理学所能范围。而他的思想无论从哪个方面来看，都包含了他对晚明政治、社会、

---

① 陈来：《黄道周的生平与思想》，《国学研究》第11卷，北京：北京大学出版社，2003年，第87-121页。

学术问题的思考和回应，值得进一步深入研究"①。所以需注意到，黄道周是一位理学家，又是一位经学家，体现出其学术思想具有理学与经学交融、治心与经世并举的特征。

笔者先从黄道周的学术生平入手，按照时间的顺序，勾勒其理学与经学著述交迭出现的治学历程。其次，从他著名的理学问答录《榕坛问业》，发掘并揭示其中的经学内容，展现黄道周理学与经学思想交融的特征。最后，从工夫论的角度，进一步论述黄道周试图调和理学与心学，并以此作为基础，与他的经世思想相统一与互补。

一、理学与经学著述交迭出现的一生

黄道周（1585—1646），字幼玄等，号石斋，福建漳浦人。天启二年（1622）进士，选庶吉士。天启四年（1624）授翰林院编修，参加修纂《神宗实录》，又充任经筵展书官，一反膝行奉书的惯例，平步以进，受到魏忠贤目慑而不惧，天启五年即告归。后闻金兵入关，慨然出山，于崇祯三年（1630）四月抵京，晋升右春坊右中允，八月抵杭州主持浙江乡试，次年十一月乞休。闻清兵入侵京畿，出山勤王，于崇祯十年（1637）升少詹事。崇祯十一年（1638）因抗辩忤崇祯皇帝，八月被贬为江西布政司都事。崇祯十二年（1639）返乡守墓。十三年（1640）五月因江西巡抚解学龙案株连被逮，杖八十下狱。十五

---

① 陈来：《黄道周的生平与思想》，《国学研究》第 11 卷，第 118 页。

年（1642）八月复官，十二月返乡守墓。南明弘光元年、清顺治二年（1645）任弘光朝礼部尚书。七月在福州与郑芝龙拥护唐王称帝，颁年号隆武，官少保兼太子太师、吏部尚书、武英殿大学士。十二月募兵在江西与清军血战，在婺源被俘，解至南京，于清顺治三年（1646）拒降就义。乾隆四十一年（1776）谕文以品行称其为"一代完人"。道光五年（1825）清廷将黄道周请入孔庙从祀。

黄道周是晚明大儒，著名的经学家、理学家和书法家。时人徐霞客盘数天下名流时，称："至人惟一石斋，其字画为馆阁第一，文章为国朝第一，人品为海宇第一，其学问直接周、孔，为古今第一。"[①] "学问直接周、孔"，即指黄道周以"六经"救世，重拾经世致用的儒家精神，尤其是其学术生涯的后期，兼容并跨越汉宋，回归"六经"，直追"周、孔"。学界将黄道周与刘宗周并称为晚明"二周"，陈来指出："东林之后，明末大儒公推刘宗周与黄道周。……近世以来，学人多重船山、梨洲、亭林诸公，以为明末三大家；要之，顾、黄、王皆于清初成学名，若论晚明之季，则不得不让于二周。"[②] "二周"这一称号，与由顾炎武、黄宗羲、王夫之组成的"清初三大家"，形成了晚明与清初两代人的传承和呼应。

从黄道周一生的治学历程来看，其一生讲学著述，呈现为

---

① 徐霞客：《滇游日记七》，《徐霞客游记》卷七下，褚绍唐、吴应寿整理，上海：上海古籍出版社，2007年，第879页。

② 陈来：《黄道周的生平与思想》，《国学研究》第11卷，第87-88页。

理学问业和经学著作交迭出现。自崇祯二年（1629），黄道周的易学著作《三易洞玑》成书之后，在漳浦北山守墓的黄道周听闻清兵入关，毅然出山。随后数年中，黄道周往来于北京与福建之间，并且在政治中活动频繁，十分活跃，包括崇祯三年（1630）四月在北京上疏建议断绝清兵退路，八月抵达浙江主考乡试，十一月在北京参加《神宗实录》的修纂庆功宴，十二月上疏营救钱龙锡等。但也因此卷入一系列的政治纠纷，遂于崇祯五年（1632）二月离京，该年年底回到漳浦北山。此后三四年间，他一直在漳州诸地讲学，所集成的《榕坛问业》正是这一期间的问答录。《榕坛问业》是继《三易洞玑》之后，黄道周的又一部重要著述。《榕坛问业》的问答虽然掺杂部分的天文历法、政治经济、典籍真伪等内容，但其主题始终是围绕着"四书"展开的，即便是涉及经学的内容，从某种程度上讲，也是辅助于理学思想的论证。这一时期理学问业类的著述，除了《榕坛问业》，应该还有《北山问业》等。①

　　自崇祯九年（1636）《榕坛问业》编成之后，在漳浦北山墓庐的黄道周听到清兵入侵京畿的消息，再次出山。随后数年中，黄道周一直在京师朝中，政治活动依旧频繁，也因此陷入一系列的政治斗争，包括崇祯十年（1637）二月分校会试《诗》一房，进士中有陈子龙、夏允彝等人；六月上疏《三罪四耻七不

---

① 侯真平：《黄道周纪年著述书画考》（下），厦门：厦门大学出版社，1995年，第542-543页。

如疏》，举荐当时被削籍或入狱的刘宗周、倪元璐、张燮、钱谦益、郑鄤等人；七月上疏营救郑鄤；崇祯十一年（1638）曾因杨继昌夺情，三次与崇祯皇帝当庭辩论，场面情势十分紧张激烈。最终，黄道周彻底离开大明崇祯朝。在此期间，黄道周曾掌司经局，我们今天能够看到的《洪范明义》《月令明义》《儒行集传》《缁衣集传》四本书，正是这一时期编纂而成的。

明代经学不兴，朝廷的司经局也颓坏不堪。黄道周在掌管司经局之后，苦于书库无存，决意清理库局，抄录宝书。他于崇祯十年（1637）十月二十六上《申明掌故疏》，建议整理编纂《诗经》《尚书》《礼记》《周易》中一些重要篇章，安排人员给太子讲授。他所拟定的重要篇章包括《诗经》的二《南》、《豳风》、正《雅》、《周颂》，《尚书》的"二典"（《尧典》《舜典》）、"三谟"（《大禹谟》《皋陶谟》《益稷》）、《洪范》、《无逸》，《礼记》的《王制》《月令》《儒行》《缁衣》《坊记》《表记》《礼器》《礼运》《学记》《乐记》，《周易》的《乾》《坤》《文言》《系辞》。① 这些篇目不列"四书"。从中可以看出，黄道周主张回归周孔之言、周孔之制，亦即回归经学本身。十一月一日即得圣旨云："东宫（按指太子）讲读，循序渐进。这所奏经书各种，黄道周职在宫僚，着同詹坊等官精心讲求，汇集成帙，次第进览。"② 所以此后的九个月内，一直到崇祯十一年

---

① 黄道周：《申明掌故疏》，《黄道周集》卷二，翟奎凤、郑晨寅、蔡杰整理，北京：中华书局，2017 年，第 201-204 页。

② 黄道周：《进缴书录疏》，《黄道周集》卷三，第 226 页。

（1638）九月被贬离京，黄道周一直在朝中司经局编纂他的经学著作，他自己曾形容当时的状态："在长安中，闭门深于幽谷。今复作小书生，再翻传注。"①

可以看到，黄道周编纂经学著作，一方面是苦于经局颓败而亟需整理，另一方面是为了给太子讲授。他的书单中虽然不列"四书"，但并不意味着他不重视"四书"，因为在明朝太子的学习安排中，"四书"的讲解篇章已经十分详备，经学著作却寥寥无几。所以说，黄道周列此书单，是为了补救经学著述的匮乏。在《申明掌故疏》中，黄道周曾说："择此四经（按指《诗经》《尚书》《礼记》《周易》）大篇巨章，不过五六十帙，讲官六人，人习十篇，错于《四书》，以塑《宝》、《训》。"② 这就说明黄道周对太子的讲课设计是兼顾"四书"和"五经"的，亦即同时看重理学与经学。

也正是在崇祯十一年（1638）秋，黄道周的《孝经集传》开始起草。这一年九月，黄道周离京，十月抵达浙江的大涤书院讲学，与弟子陈子龙等的讲问中就包括《孝经》内容，这些内容可以当做为《孝经集传》的写作，或者说为《孝经集传》的最终成书做准备。而《易象正》与《孝经集传》两部经典著作初稿的完成，其实是在之后的牢狱之中。崇祯十三年（1640）五月，黄道周因崇祯皇帝疑其结党而被捕至京，在狱中受拷问，

---

① 黄道周：《答魏秉德书》，《黄道周集》卷十九，第770页。
② 黄道周：《申明掌故疏》，《黄道周集》卷二，第203页。

直至次年即崇祯十四年（1641）年底被释放。在狱中初步完成的《易象正》与《孝经集传》，堪称黄道周经学成就最高的两部著作，在《易》学史与《孝经》学史上均有重要的地位与影响。应该说，这两部经学性质的著作不再是纯粹地为太子讲授而作，而是在牢狱之中对天德治道的深层思考与探索而成。

在这五六年间，黄道周虽然一直身处司经局或牢狱中撰写经学著作，但他实际上并未放弃对理学问题的探讨。崇祯十五年（1642）四月，黄道周出狱后再次路过浙江大涤书院讲学。这一次大涤书院的讲学，最后编成《大涤问业》，所问答内容除了经学，主要包括《儒脉》《朱陆刊疑》《子静直指》《格物证》等理学内容，其实就涉及了道统论、朱陆之辩、格物致知工夫等重要的理学论题。另外，崇祯十七年（1644）正月在漳浦讲学编成《明诚堂问业》，五月与九月在漳州讲学编成《邺山讲义》，尽管二书均已佚，但其中问答的部分内容在《黄道周年谱》中有所记载，前者包括讨论《中庸》的明诚、良知主敬、思诚明善工夫等理学内容，后者包括讨论性命与经世的关系、仁之体用等理学论题，可以看到两本问答录也同样涉及理学重要问题的探讨。①

崇祯十七年（1644）五月底，黄道周在漳州接到三月十九日明亡的消息，率弟子祖发痛哭三日。九月出山北上，历南明弘光、隆武两朝，一直坚决抗清，直至隆武二年（1646）二月三月之间慷慨就义于南京。黄道周生命的最后不到两年时间，

---

① 黄道周：《黄道周集》卷首，第 122、128 页。

是在政治与战斗中度过的，这也意味着黄道周在两年前出山之后，其实就已经结束了其学术的一生。

综上可以肯定的是，黄道周在其一生的治学中，对理学与经学是兼顾的。同时，我们也应该注意到，理学与经学在黄道周思想中并非对立或者割裂，而是相互补充、相互成就，共同构成其学术思想的整体。换言之，黄道周的学术思想具有理学与经学两个维度，这两个维度的统一，又正好说明理学与经学在整个儒学系统中，并不是两种对立的学术形态，而是可以交融互补的。

二、理学著述《榕坛问业》中的经学意识

上文已提及黄道周的理学著述《榕坛问业》主要是围绕着"四书"进行问答的，这也是黄道周现存著述中，唯一一部能够集中体现其理学思想的著作。而贯穿《榕坛问业》始终的主题是关于"知至知止"的讨论，开卷即讲明"以格物致知、物格知至为第一要义"，并且黄道周也提出"千古圣贤学问，只是致知，此知字只是知止"①。格致工夫是宋明理学所倡导的学问起点，因为位于《大学》"八条目"之首，是一切学问的根本，黄道周将此与《中庸》的"明诚慎独"与《论语》的"求仁克复"相发明，共同构成了《榕坛问业》的思想主体。

道光五年（1825）二月十六日，清廷拟将黄道周从祀孔庙，

----

① 黄道周：《榕坛问业》，影印文渊阁《四库全书》第 717 册，台北：商务印书馆，1986 年，第 272 页。

礼部奏云:"《榕坛问业》一书,考古证今,探微抉奥,发端以格物致知为第一要义。盖宗周以诚意为主,而归功于慎独……道周以致知为宗,而止宿于至善。"① 应该说,清人对《榕坛问业》这一部理学著述的主旨思想的概括,还是十分到位的。不过作为黄道周理学思想的代表作,《榕坛问业》并不仅仅局限于理学论题的探讨。《四库提要》已明确指出:"书内所论,凡天文、地志、经史、百家之说,无不随问阐发,不尽作性命空谈。盖由其博洽精研,靡所不究,故能有叩必竭,响应不穷。虽词意间涉深奥,而指归可识,不同于禅门机括,幻眚无归。明人语录每以陈因迂腐,为博学之士所轻,道周此编可以一雪斯消矣。"② 可以看到,《榕坛问业》虽然是一部以理学为主的问答录,但实际上涉及经史内容的讨论,体现了明末清初时期以经学解构理学的学术新动向。本书将发掘一部分《榕坛问业》中的经学思想内容,以说明与展现黄道周理学与经学思想的交融特征。

首先,经学的复兴需要以儒家经典文本作为基础,这就意味着必须破除宋儒对经典的质疑,重新确立经典文本的可靠性与权威性,所以对儒家经典文本的辨伪,是明末清初思想家与学问家治学的一个重点。黄道周一生的著述中,除了经学方面的著作(如《儒行集传》《月令明义》等)不可避免地要确立文本的可信度,在《榕坛问业》的问答中,也屡屡出现对经典文本的辨伪。

---

① 黄道周:《黄道周集》卷首,第 11 页。
② 黄道周:《榕坛问业》,影印文渊阁《四库全书》第 717 册,第 272 页。

道周弟子曾就《尚书》今古文的问题发问，提出伏生的《今文尚书》并无《大禹谟》和《舜典》，那么这两篇到底是孔子所述，还是后人仿照圣人之言而创作的呢？又借引蔡沈的观点，说伏生记诵的《今文尚书》语言艰涩，孔安国抄写的《古文尚书》语言反而平易，如何是孔子的原意？① 首先，黄道周明确反对《大禹谟》《舜典》等出自模仿（或者说伪造）的观点："孔壁中五十八篇，与伏生合得其半，只多二十五篇，余漫灭不行耳，宁道中有依傍耶？"② 其次，黄道周并不是从文献辨伪考证的角度，去说明自己的立场，而是站在义理思想的层面上，认为：

> 《书》在孟子已不尽信。刘歆常云："与其过而去之，宁过而存之。"今不论敬修是仲尼之述虞《典》，是《禹谟》之依仲尼，然自"危微"垂训以来，只此两字至精至一，吾辈可以无疑矣。③

---

① 道周弟子原问："夫子敬修之论，实出于虞廷。然自济南伏生授《书》二十八篇无《禹谟》，《禹谟》出于孔壁，《舜典》得于大航头，前世多疑之者。不知是孔子述《禹谟》，以申其意，抑是《禹谟》依圣论以行其书耶？……云赤云：蔡九峰（蔡沈）尝言汉儒以伏书为今文，今文语反难读，安国书为古文，古文语反从顺。今古相反者，谓今文出于女子之口，古文已经儒生之笔耳。然伏生背经暗诵，反得其所难；安国摩勘古书，反得其所易。《书》经两人之手口，而文势语意夐然不同，岂书谓仲尼原本乎？"见黄道周：《榕坛问业》，影印文渊阁《四库全书》第717册，第466页。
② 黄道周：《榕坛问业》，影印文渊阁《四库全书》第717册，第466页。
③ 黄道周：《榕坛问业》，影印文渊阁《四库全书》第717册，第466页。

意思是，传世文献本身可能不是完全无疑的，但《大禹谟》《舜典》这些经典文献中所蕴含的义理思想十分精深。也就是说，文献本身可能有问题，不可完全去相信，但是有些文献中所承载的义理思想就是圣人之论，即便文献是经后人伪造的，但里面的义理思想也是可靠的。可以看出，黄道周处理传世经典的真伪问题，并不是像后来清儒所采用的文献考据方法，而是承认文本思想的可靠性与权威性。这实际上是通过一种理学所注重的义理思想方式，去确立经典文本的可靠性与权威性。

所以当弟子再问司马迁随着孔安国学《尚书》，而《史记》中却没有记载《舜典》《大禹谟》，还有汉儒贾谊、董仲舒、司马迁等学问至博至深，却没有涉及《古文尚书》这部分内容；又借引朱熹、蔡沈认为孔《书》出于东晋的观点，对《古文尚书》提出质疑①，黄道周回答：

古二十五篇深玄奥义，岂是后儒之所能及？昔有疑

---

①　道周弟子原问："伏生女子既传四七之篇，河内女子遂献《泰誓》之简，梅赜晋中始上孔壁之书，姚兴齐时乃补《舜典》之阙，岂以前汉而古书难读，迨于末世蝌蚪始明耶？史迁尝从安国授《书》，述《本纪》亦无《舜典》《禹谟》，只以《禹贡》《洪范》继《尧典》之后，如有则史迁亦应见之，史迁不知有危微精一执中敬修之学，乃未尝读，非识不到也。贾谊、董仲舒亦未尝读此书，贾谊称性神明命，仲舒称二中两和，皆极精微，未有及《禹谟》中语者。朱晦庵云先汉文章厚重有力量，孔《书》东晋始出，大传格致极轻，疑是《孔丛子》等为之。蔡九峰亦以孔安国《书》序绝不类西汉文字，然古今绝学开于是《书》亦是东晋诸贤之力。"见黄道周：《榕坛问业》，影印文渊阁《四库全书》第717册，第466页。

11

> 《礼记》诸篇是汉儒杜撰者，晦翁亦谓"汉儒深醇，莫如董、贾"，董、贾如何做得《礼运》《礼器》《郊特牲》许多文字？东晋诸贤既不能作一《书》序，岂能创出许多精微质奥之言？①

这说明后儒的造诣虽然值得肯定，但是造诣再高也无法超越圣人的思想，所以黄道周认为《尚书》《礼记》所承载的义理思想正是出自圣人，而与文献载体无关。同样的道理，黄道周在看待宋儒对《周礼》的质疑问题上，也持同样的观点："且如《周礼·大司乐》一章，未经秦火，河间古书，此最先出，玩之长人神智，决非后儒之所能造。"② 可以看出，黄道周并非要回到汉代经学的模式，而是试图跨越汉宋，回到圣人的思想本身。这也表明他并不全然信奉汉宋以来的传注，而是主张直接回到经典文献本身，直接处理经典文本的义理思想，由此探寻圣人的意旨。也就是说，经典文本中的圣人思想才是最具权威性的，这也意味着宋儒建构的道统观，在黄道周看来其实意义不大，这在无形中对宋明理学形成了一定的冲击。

黄道周对汉宋的平等看待，也体现在汉唐与两宋政治的义利王霸之辨上。早在宋代，朱子就曾与陈亮辩论过这一问题，在宋人的历史叙事中，只有三代与汉唐两个阶段，朱子基本上

---

① 黄道周：《榕坛问业》，影印文渊阁《四库全书》第717册，第466页。
② 黄道周：《榕坛问业》，影印文渊阁《四库全书》第717册，第471页。

只推崇三代之治，并批评汉唐霸业云："以儒者之学不传，而尧、舜、禹、汤、文、武以来转相授受之心不明于天下，故汉唐之君虽或不能无暗合之时，而其全体却只在利欲上。"[①] 事功学派的陈亮则肯定汉唐王朝的功业，认为："谓之杂霸者，其道固本于王也。诸儒自处者曰义曰王，汉唐做得成者曰利曰霸，一头自如此说，一头自如彼做；说得虽甚好，做得亦不恶：如此却是义利双行，王霸并用。"[②] 可以看到，朱子与陈亮争论的焦点在于汉唐的合法性问题。但是在明人的历史叙事中，除了完美的三代之治，还有汉唐与两宋这两个时期，所以很容易就将两个时期的功绩拿来对比。自从晚明实学思潮兴起之后，士人不断地反思与批判两宋的柔退风格，同时就会相应地肯定汉唐之治的事功与霸术。

　　(道周弟子) 卢君复……问："士不通经学古，不足致用。宋儒讲论，于斯道极为有功，然如当日经济，视汉唐如何？汉治杂霸，唐治杂术，宋治积衰，日沦日废，议论成功，亘然两辙，毋亦德行文章、经济判然两物，并成两事欤？"

　　某曰："今日最喜得贤此问，异日免被天下笑骂。宋家

　　① 朱熹:《答陈同甫》,《晦庵先生朱文公文集》,《朱子全书》第21册,朱杰人、严佐之、刘永翔主编,上海:上海古籍出版社;合肥:安徽教育出版社,2010年,第1588页。
　　② 陈亮:《又甲辰秋书》,《陈亮集》卷二十八,北京:中华书局,1987年,第340页。

> 天下自燕山来，半是敌国，赖得元祐诸贤清明洁治，末后
> 衰颓不比五代，自是气运使然。向无诸贤，不知几多豪杰
> 臣辽臣夏，何况金元？且如狄武襄、岳武穆诸贤，经许多
> 危疑，从容问道，岂是河朔节度皮毛所及？陈同甫骋骤天
> 下，作一虞允文不成。但看张邦昌、刘豫做不成天子，亦
> 是周、程诸公手末弩。千万勿说德行文章不成政事。"①

道周弟子提出了一个十分重要的问题，即两宋所代表的德行与
汉唐所代表的事功之间是怎样的联系？或者换一种说法，内圣
与外王之间是不是割裂的？这一问题其实是儒学自古以来的难
题。然而黄道周并没有认为两宋就只是代表德行而已，他列举
出狄青、岳飞以及陈亮等，要么具有丰功伟业，要么主张事功
思想，均是撑起宋代朝廷的顶梁柱，否则宋朝在辽、夏、金、
元的围攻之下恐怕早已覆亡。所以黄道周指出："宋无诸贤，岂
得与汉唐齿？凡天下治道不效，皆是学问不明。书生开口便道
'读书是读书人，做官是做官人'，从此人才日益污下，嘉谷不
茂，粮莠日长，灭裂卤莽，取报宜然耳。"② 也就是说，黄道周

---

① 黄道周：《榕坛问业》，影印文渊阁《四库全书》第717册，第281页。
② 这段话是回答其弟子所问"天下大患，治道不效，岂患圣学不明？汉
之地节甘露，唐之贞观开元，宋之景祐康定，当时四夷宾服，闾左蕃庶，士大
夫辨政莅官，子弟优游庠序，诸贤初无发明，及熙宁、元丰、乾道、淳熙间，
始辟门讲论，分曹诵说，天下已自萧然，不复可观，岂如晦翁所云时有穷达，
善有独兼，不得持同甫之说，关颜闵之口耶？"见黄道周：《榕坛问业》，影印
文渊阁《四库全书》第717册，第406页。

认为两宋也具有和汉唐一样的功绩。那么，内圣与外王的关系如何？他主张读书与做官不是割裂，读书人也是做官人，做官人也是读书人，这就意味着内圣与外王是结合统一的。

将内圣与外王相结合，实际上也体现了黄道周理学与经学思想的交融。上文论述了两宋虽强调内圣，但也有外王的功业；那么反过来说，想要实现外王的功业，也不能忽略内圣工夫。这就表明黄道周虽主张经学救世，但并没有舍弃理学工夫。所以当弟子质疑周子、二程的性命之谈不如胡瑗的实学："当胡海陵（按指胡瑗）时，立经义、治事二斋，修兵农、礼乐、书算诸务，士人皆有实学，数十年间，用之不尽。今书生不过举业，其精微者，又谈性命理道之细，于兵农书算等事，废置不讲。县官宵旰，忧簿书钱谷之务，卒无一人起而荷承者。想周、程之谈性命，不及海陵课实事之最也。"黄道周作出了批评："天下事靠簿帐不得，只是寸心去做。心地清者，做事必明净；心地密者，做事必周详；心地了彻，做事必简切。决无虚凭簿帐弄出才诣之理，譬如水利、土工、鼓铸、收纳，这三四事极是琐碎，使小人有才者干办一番，极是报效。然不过数时，法立弊生，旋归破坏，惟有心地清明、不惮劳苦者，从头彻尾一一做去，便成百年之规。"① 意思是，外王事业必须从内心做起。否则若只是在琐碎的事务上用力，这让一些聪明的小人去做，

---

① 黄道周：《榕坛问业》，影印文渊阁《四库全书》第717册，第406-407页。

似乎也能办好，但是如果小人丛生的话，势必破坏朝纲法度。所以黄道周强调，内心工夫是一切工夫事业的起点，如此一一做去，才能使国家长治久安。

总之，在黄道周看来，治心是治世的根原，治心与治世需要兼顾并举；或者说，理学、心学是经学与实学的前提，前后二者不可偏废。所以说"经世治心，都是要细；明体致用，都是要实。岂有两种道理?"① 黄道周这句话可以作为其理学与经学思想交融的特点的概括。

三、互补与统一：理学与经学思想的交融形态

可以进一步追问：黄道周理学与经学思想交融的具体模式是什么样的？一言以蔽之，是一种互补式与统一型的模式，析言之则是回环互补，浑言之则是交融统一，以此保证"止于至善"的理想状态能够长久地维持下去。在这里，我们以黄道周的工夫论来说明这一点，然后借助具体的案例，对其背后的深层原因加以探讨与申说。

在黄道周看来，工夫从理论上讲可以分出次第，但这并不意味着在实际做工夫中，做过一截工夫就可一劳永逸地进入下一段工夫，而撇开上一截工夫不管。换言之，做工夫的目的是追求最终的至善，但如能达到至善，并不是说就可以一劳永逸，

---

① 黄道周：《榕坛问业》，影印文渊阁《四库全书》第 717 册，第 449 页。

而是仍需不断地做工夫，以维持至善的状态。这说明黄道周的工夫模式不是简单的直线发展型，而是环环相扣、回环往复的一种整体形态。《榕坛问业》记载：

> 张子京问："成己先于成物，如何又说知及先于仁守；复礼乃可为仁，如何又说仁守还须动礼？"
>
> 某云："此道无穷，东西相起，切勿粘他字句。"①
>
> 玉斧又问："《大学》经文说诚意先在致知，先儒又说明德工夫专在诚意，岂知至后意尚有未诚，抑致知后另有诚意工夫耶？"
>
> 某云："鸡鸣后尚有日出，日出后尚有鸡鸣。只管读书，不消拆字。"②

从这两个问题来看，道周弟子所问的工夫都是层层递进、节节往上。前一问涉及的典故较多，是将儒家经典中的诸多言论进行通贯的理解，其中"成己先于成物"一说出自《中庸》"诚者，非自成己而已也，所以成物也。成己，仁也；成物，知也"，这就与"仁（成己）"和"知（成物）"联系起来；但是孔子又有"知及先于仁守"的说法，出自《论语·卫灵公》

---

① 黄道周：《榕坛问业》，影印文渊阁《四库全书》第 717 册，第 299 页。

② 黄道周：《榕坛问业》，影印文渊阁《四库全书》第 717 册，第 478-479 页。

"知及之，仁不能守之，虽得之，必失之；知及之，仁能守之，不庄以莅之，则民不敬；知及之，仁能守之，庄以莅之，动之不以礼，未善也"，这就出现了"先仁后知"与"先知后仁"的工夫次序上的差异。同样的道理，"先仁守后动礼"一说，也与"先复礼后为仁"的说法相矛盾，后者则出自《论语·颜渊》："克己复礼为仁。一日克己复礼，天下归仁焉。为仁由己，而由人乎哉?"对此，黄道周批评弟子说，不可纠结于文本上的字句，而要洞彻文本背后的义理思想，并提出做工夫应当是回环往复、前后兼顾的，而不是一蹴而成、一劳永逸，因为道是永恒无尽的，需要以不断做工夫为基础，才能维持道在现实中的持续不衰。

后一问虽未涉及较多典故，却洞察细微，提出在《大学》"八条目"中"致知"工夫排在"诚意"之前，但先儒为什么却强调明德工夫以"诚意"为根本?所谓"先儒"，其实是指王阳明，而这一问题也是王阳明与其弟子讨论过的。王阳明弟子蔡希渊问："文公《大学》新本，先'格致'而后'诚意'工夫，似与首章次第相合。若如先生从旧本之说，即'诚意'反在'格致'之前，于此尚未释然。"王阳明回答："《大学》工夫即是'明明德'，'明明德'只是个'诚意'，'诚意'的工夫只是'格物致知'。若以'诚意'为主，去用'格物致知'的工夫，即工夫始有下落，即为善去恶无非是'诚意'的事。如新本先去穷格事物之理，即茫茫荡荡，都无着落处；须用添个'敬'字，方才牵扯得向身心上来。然终是没根源。若须用添个

'敬'字，缘何孔门倒将一个最紧要的字落了，直待千余年后要人来补出？正谓以'诚意'为主，即不须添'敬'字。所以提出个'诚意'来说，正是学问的大头脑处。"① 王阳明的工夫论主要突出诚意的重要性，因为如果不以诚意为本，那就必须"添个敬字"。② 而黄道周弟子的问题在于，既然诚意是根本工夫，亦即意诚之后再去做致知工夫，为什么知至之后却还要做诚意工夫呢？是因为知至之后意尚有不诚，还是因为致知之后另外有一段诚意工夫呢？

黄道周这一位弟子实际上是倾向于认同王阳明的工夫论，以诚意为主，认为意诚之后才能格物致知。可以看到，这是一种简单的线性模式，先诚意而后致知，如此可以一劳永逸。对此，黄道周的回答借助了一个比喻，先鸡鸣然后有日出，但是日出之后还会有鸡鸣，就是说诚意之后尚须致知，致知之后尚须诚意，诚意与致知工夫的关系是回环互补的。我们也能看到，黄道周实际上是调和了朱子理学与阳明心学的工夫论，既没有突出诚意，也没有突出格致，而是使二者互相补充，融为一个整体。对这种互补回环的工夫模式的强调，是黄道周工夫论的一大特点。

所以在回答弟子所问"格物"与"致知"孰先孰后的问题

---

① 王阳明：《传习录》，《王文成公全书》，王晓昕、赵平略点校，北京：中华书局，2015年，第48页。引号有增加。

② 黄道周的工夫论正是添了这个"敬"字，以"敬"贯穿于全体工夫的始终。这一点下文会详细展开。

时，黄道周说："知得前后，自然不同。知在斗极下看，得在斗极上坐。既先入关，尚有鸿门一节，马上意思如何便得四百余年。"① 同样的道理，"格物"与"致知"也是无所谓先后次序的，而是回环往复，需要不断地做工夫，才能保证至善的状态持久永恒。就像历史上刘邦提前入关，但是这并不意味着一蹴而就地取得天下，后面仍有许多艰难险阻，只有不断地做工夫事业，才可能维持汉朝四百余年。

黄道周的这一工夫论模式，不仅能够调和理学与心学在工夫次第上的差异，放在治心与治世的关系上，也能够较为圆融地解释理学工夫与经世事业之间的关系问题。我们以《论语》中"修己以敬"一节作为具体案例，加以论证与申说。《论语·宪问》记载："子路问君子。子曰：'修己以敬。'曰：'如斯而已乎？'曰：'修己以安人。'曰：'如斯而已乎？'曰：'修己以安百姓。修己以安百姓，尧舜其犹病诸？'"黄道周与弟子就此展开讨论：

　　戴石星问云："'君子修己以敬'，只此一句便尽却君子事功、君子学问，如何又说到安人、安百姓上去？"

---

① 这段话是回答其弟子所问"不知此'知止''知'字，在格物前，抑在格物后？如在格物前，则此至善二字，尚属含糊，如看斗极者，傍指众星，了无的据。如在格物后，则此定静安虑，的是空体，妙慧相生，如看斗极，无一星处，才成不动，才是万轴之毂，如何还有节次等待得来？"见黄道周：《榕坛问业》，影印文渊阁《四库全书》第717册，第479页。

　　某云："俱是君子本体。"

　　石星云："于本体上是一节事，是两节事？"

　　某云："既是本体，何分节次？"

　　石星云："既无节次，何须充拓说来？"

　　某云："俱是圣贤就本身上商量无尽。若有尽时，己外便无人，人外便无百姓。若无尽时，人安，己亦是未安；百姓安，己亦是未安。千古圣贤俱就本心为天下立身立命，舍此寸心，天下身命俱无安顿处，圣贤自家亦无处下手。"[①]

　　道周弟子戴石星认为只要做足了修己工夫，那么外王事业是自然而然的。显然，这一思路符合宋明理学重视内圣的特征。黄道周则予以提醒，不应过分偏重修己工夫，还要注意到安人、安百姓的重要性。也就是说，修己与安人、安百姓都是本体工夫，任何一方均不可偏废。于是，戴石星进一步追问，既然修己与安人、安百姓应当兼顾，那么二者是一节工夫，还是两节工夫呢？从原文来看，孔子是将前后二者分开来说，岂不是层层递进、节节往上的模式？黄道周认为既然都是本体工夫，就不能割裂为两截。在黄道周看来，个人与天下是浑然一体的，修己做到极致就是达到天下安定，亦即立此本心是为天下立命。所以修己与安人、安百姓一样，都是圣贤君子做工夫的下手处，这就意味着内圣与外王两边须同时兼顾。

---

① 　黄道周：《榕坛问业》，影印文渊阁《四库全书》第 717 册，第 462 页。

这里面隐含着一个问题，既然修己与安人、安百姓都是本体工夫，那么这里的本体究竟是什么？换言之，是何物将内圣与外王通贯起来的？"敬"在黄道周看来既有工夫的性质，也有本体的意义。① 所以黄道周对此解释云："静处敬便见天德，动处敬便见王道"；"尧舜此心，亦只是无己，无己处亦只是不安。一个敬字，了得百样修己；百样修己，了不得一个敬字也"。② 意思是，"敬"能够贯通修己、安人、安百姓等一切工夫，而如果只在修己工夫上持敬，那是无法真正做到"敬"的，因为在安人、安百姓上面仍须持敬。"敬"能够贯通内圣与外王，是体察天德与王道的根本工夫，这也验证了上文王阳明所提及但没有展开的"添个敬字"，因而可以说"敬"正是黄道周理学与经学思想交融的内在保证。

那么，可以得出这样的结论：在黄道周看来，己身与天下是一体的，治心能够治世，治世也能反过来治心。他并不是只强调内圣的一面，而是同时突出治世的重要性。在他看来，治心与治世互为工具，互为目的；或者笼统地说，治心就是治世，治世就是治心。这一观点的理论基础应是来自阳明心学"万物

---

① 黄道周说："敬以成始，敬以成终。"（《孝经集传》，许卉、蔡杰、翟奎凤点校，北京：中国社会科学出版社，2020年，第6页。）"当以敬为建极之本，盖万物之生，非敬不聚。"（黄道周：《洪范明义》，影印文渊阁《四库全书》第64册，台北：商务印书馆，1986年，第817页。）这体现了"敬"所具备的本体意义。

② 黄道周：《榕坛问业》，影印文渊阁《四库全书》第717册，第472、463页。

一体"的观念，黄道周以此作为出发点，就将理学与经学融合统一起来。己身心性与家国天下是一体的，天下有灾难，如同己身有病痛，体现出儒家学说的家国天下关怀，所以黄道周提出："才说'尧舜犹病'，凡就己身看出天下，痌瘝不获皆是己身罪过；就天下看出己身，营窟为巢皆是己身病痛。尧舜授受之际，无端说出'四海困穷，天禄永终'，此八字便是古今君臣所断舌才知它，看敬字极精，看己字极一。"① 这说明修己工夫达到极致形态，如同达到尧舜的圣人境界时，修己与安人、安百姓是统一的，因为天下有一人不安，就意味着修己工夫尚未圆满，这实是将自己与天下万物融为一体、休戚与共。

至此，反观黄道周关于"止于至善"的说法，就不难理解他对"知至"与"知止"的论断。黄道周在《榕坛问业》开卷即阐明："千古圣贤学问，只是致知。此'知'字只是知止，试问'止'字的是何物？……此'止'字只是至善，至善说不得物，毕竟在人身中。继天成性，包裹天下，共明共新，不说物不得。此物粹精，周流时乘。在吾身中，独觉独知，是心是意；在吾身对照过，共觉共知，是家国天下。世人只于此处不明，看得吾身内外，有几种事物，著有著无，愈去愈远。圣人看得世上只是一物，极明极亲，无一毫障碍。"② 陈来对此解释云：

---

① 黄道周：《榕坛问业》，影印文渊阁《四库全书》第717册，第465页。

② 黄道周：《榕坛问业》，影印文渊阁《四库全书》第717册，第272-273页。

"人身心性，与家国天下，又决不是二物，而是一物，就是说，内（人身心性）与外（家国天下）不是割裂的、无关的不同实体，而是贯通为一的统一体。不仅内与外是统一的，形而下（有声有色）与形而上（无声无臭）也是贯通为一体的。"① 也就是说，"至善"既是内圣修养下己身的至善，也是经世事业上天下的至善。那么，如何保持这样的理想状态，亦即如何止于至善呢？这就需要不断地做工夫。工夫不是一节一节的间断形态，而是回环往复、圆融统一的。所以"止"是形容一切工夫的完整形态，达到统一；"至"则是己身与天下的融合，达到极致。从这一角度来看，黄道周理学与经学思想就是融合无间的，并非由理学开显经学，或者由经学融摄理学，而是理学与经学交融一体，不分彼此。

四、余论

从黄道周理学与经学思想交融的特点出发，必然会推出黄道周对陆王心学某些主张的批评。尽管上文提到黄道周对阳明心学"万物一体"的思想是有所吸收的，并且也积极调和理学与心学，但是他身处晚明时期，对阳明后学空疏虚妄的流弊极为警惕，集中表现在对陆王心学的漠视经典与良知现成两个方面的批评。因为重视经学的一个重要前提是重视经典，或者说经典的教学是经学的重要内容，这就意味着不能光靠本心自足

---

① 陈来：《黄道周的生平与思想》，《国学研究》第 11 卷，第 108 页。

而将经典束之高阁；并且，调和理学的格致工夫与心学的诚意工夫，其前提是对工夫践行的重视，这就意味着不能空谈良知现成而整日冥思幻想。因此，黄道周提出批评：

> 陆文安（按指陆九渊）有言："汝目自明，汝耳自聪，汝事亲自能孝，事长自能弟，本分自足，何假旁求？"近代王文成（按指王阳明）亦云："人自知亲长，自知孝弟，见人孝悌，自生敬爱，即是良知。其人不孝不悌，自然畏恶，即是格物。如此则孟子所云不学不虑，全抛思勉之功；仲尼所云教敬教爱，无资问辩之力也。"答曰此是要关，不宜错过。仲尼开口便云："教所由生。"又曰："先王见教之可以化民也。"如使学虑不施、问辩无用，则生儿去乳，不别爷娘；怀抱终身，何分菽麦？舜、禹不亲民事，亦为痴儿；曾、闵长于幽闺，亦成骄子。①

黄道周并不是反对孟子良知良能的观点，而是批判陆王心学过分依赖良知良能。黄道周对陆王心学的本分自足、良知自生的观点十分不以为然，因为一旦依赖于良知本分的自生自足，就可以废弃后天的学习思考与知识问辩。如果一个人信奉这种思想，那么恐怕连基本的生活都会成问题，以至于在伦理上男女不别、

---

① 黄道周：《孝经定本》跋，见无名氏：《我川寓赏编》，清代鸣野山房抄存本。

父母不辨，在生存上完全倚仗亲人的供养而缺乏自身的实践能力。所以即便拥有大舜、大禹、曾子、闵子的天才资质，如果整日光靠冥想参悟，而不深入到人民事业与伦理实践中，再高超的天才资质也会泯灭于后天的无知与虚妄。然而这种无需学习就能成圣成贤的观点，随着阳明后学的传播，在明代中后期却十分流行，人人幻想良知现成、顿悟成圣。黄道周的批评，从某种程度上讲，也是有意针对当时这一现象而发；或者说，他对经学的重视也包含着救治人心的目的，即试图挽救阳明后学的流弊。因此，黄道周强调工夫践行与经典学习的重要性：

> 周公仰受于父师，而犹日继日待旦；仲尼挺精于天纵，而犹有废寝忘餐。近罗洪先达夫亦云："世间岂有现成良知，良知非万死工夫，断不能得也！"江右、岭南俱为良知之学，其超卓跻实有可持循者，达夫而已。象山又言："学苟知道，六经皆我注脚。"试问《孝经》为谁注脚？故二思六可，当竭毕世之功；显亲扬名，要有立诚之本。公明宣学于曾子三年，犹闻叱叱之声；卜子夏之读《诗》《书》数载，乃别星辰之义，终身自云不逮，何敢遂比于良能乎？①

黄道周对罗洪先的说法表示赞同，即认为良知绝非现成，而是经过万死工夫才能达到。这也不难理解王阳明只有经历过

---

① 黄道周：《孝经定本》跋，见无名氏：《我川寓赏编》。

诸多生死劫难，例如被贬龙场、南赣平叛之后，才悟出"致良知"的真谛。也就是说，即便是王阳明之类的贤才也需历经生死之事的磨砺才能真正致良知，那么普通人更应该切实地在事上磨。就此而言，读经就是追随圣人步伐的不二途径。陆九渊曾提出"六经皆我注脚"的著名论断，而黄道周对此提出严厉的批评，如果说"六经"是陆九渊的注脚，而"六经"又总会于《孝经》，可作为《孝经》的注脚，那么《孝经》是谁的注脚？难道也是陆九渊的注脚吗？陆九渊这一说法，实是将圣人言论作为其一己思想的注脚，亦即将自己凌驾于圣人之上，这就具有非圣的嫌疑。所以黄道周强调经不可废，这也是在陆王心学逐步走向极端之后，经学获得的反弹式复兴。

总而言之，黄道周以理学与经学思想交融的独特模式，倡导经世治心的思想主张。无论是在探讨宋明两季遗留下来的理学问题，还是在其经学著作中，理学与经学思想的交融都是其治学的一大特色。值得注意的是，在理学与经学思想交融的思路下，陆王心学漠视经典与良知现成的主张，必然会受到黄道周的批评。但这并不意味着黄道周是拒斥陆王心学的，总体来看，他既主张调和理学与心学，又主张宋明理学与汉唐经学的融合。所以理学与经学思想的交融，是打开黄道周学术思想的一把金钥匙，同时这体现了明末清初时期，以经学解构理学的一种学术新动向。

第一章

《缁衣集传》的学术价值

　　《缁衣》是《礼记》的第三十三篇。郑玄注《小戴礼记》时连带性地注过《缁衣》，此后一千多年"四书"（《大学》《中庸》《论语》《孟子》）地位不断攀升，渐有取代"五经"的趋势，导致《缁衣》一直没有受到重视与关注。所以在中国古代学术史上的地位，《缁衣》远不如《大学》和《中庸》。与古代形成强烈反差的是，《缁衣》在当前学界受到极大的关注，主要原因在于上博简、郭店简均出土了与《缁衣》相关的文献材料。不过如果将古今学术史都纳入考察视野的话，最早对《缁衣》产生浓厚兴趣的并不是现代研究出土文献的学者，而是晚明大儒黄道周。也就是说，传世文献《缁衣》自从编入《礼记》之后，一直到晚明时期的黄道周手中才受到重视，即著有《缁衣集传》，使《缁衣》得以单篇别行。可以说，黄道周的《缁衣集传》是《缁衣》诠释史上唯一一部单篇别行的诠释本，对《缁衣》研究乃至《礼记》学研究的贡献极大。

值得注意的是，在黄道周所挑选的《礼记》五篇（《儒行》《缁衣》《坊记》《表记》《月令》）之中，论受关注的程度，《缁衣》其实不如《月令》，一方面是因为郑玄从制度的角度对《月令》提出过异议，另一方面则是《月令》的内容深刻体现了中国传统政治思想与生存智慧，所以后世会通过对"月令"的关注而关注《月令》。而论争议程度，《缁衣》也不如《儒行》，《儒行》所反映的儒者气象与思想内容受到宋儒非议，由此受到极大的排斥，但《缁衣》在数千年中一直处于沉寂的状态。所以，《缁衣》能够在《礼记》诸多篇目中脱颖而出，势必隐含着极为独特的学术价值。

一、《缁衣》的作者问题

关于《缁衣》的作者问题，一直存在着争议。但是所谓争议其实并不复杂，远不如《月令》与《儒行》所受到的非议；或者说《月令》与《儒行》是涉及内容真伪的问题，而《缁衣》的问题只在于作者是子思还是公孙尼子。王锷在《〈礼记〉成书考》一书中，将有关《缁衣》的作者问题归纳出三种观点：其一是以刘瓛、陆德明、任铭善为代表的公孙尼子说；其二是以沈约、李学勤为代表的子思说；其三是李零所认为的"《缁衣》是记孔子之言，子思子与公孙尼子都是传述者。《缁衣》可能被子思子和公孙尼子同时传述，并且分别收入以他们的名字题名的集子"，也就是认为子思是作者，公孙尼也是作者，两个人听了孔子的言教之后，分别记录《缁衣》这一篇。① 第三种说法极有可能诞生两种版本的《缁衣》，即子思版和公孙尼版。

黄道周在《缁衣集传》当中所主张的是第一种观点，即公孙尼子说。他引用与借助刘瓛的说法："刘瓛曰：'《缁衣》出于公孙尼所记，亲传受圣门者。'史称公孙尼作《乐记》，则是篇又为《乐记》之本。"② 虽然黄道周没有明确提及《缁衣》是谁人所记，但其引用刘瓛之说，也就表明了自己的立场。并且更重要的是，他同时提出了一种证据，就是《乐记》也是公孙尼所作③，而从义理思想上看，黄道周认为《缁衣》应当是《乐记》的思想根源，所以推断两篇都出自公孙尼之手。

《缁衣》作者系公孙尼的观点，为历代大多数《礼记》注本所沿用采纳④，所以黄道周持此观点非其所独创。当然，他所提出的《缁衣》与《乐记》相参一说，亦可备为参考。但是我们在关注《缁衣》作者问题的同时，其实更应该注意到《缁衣》所记是谁人之言，亦即《缁衣》中的"子言之""子曰"的"子"是谁，这个问题恐怕比《缁衣》的作者问题更加重要。《缁衣》所

---

① 王锷：《〈礼记〉成书考》，北京：中华书局，2007 年，第 82-96 页。

② 黄道周：《缁衣集传》，影印文渊阁《四库全书》第 122 册，台北：商务印书馆，1986 年，第 1014 页。

③ 关于《乐记》作者是公孙尼子的观点，持有者有南朝梁沈约、唐张守节，以及现代学者郭沫若、周柱铨、吕骥、沈文倬、钱玄、李学勤等。

④ 关于《缁衣》作者是公孙尼子的观点，持有者有南朝齐刘瓛、唐陆德明、宋冯楫、明郝敬、清姚际恒、陆奎勋、孙希旦、皮锡瑞及现代学者任铭善等。

记内容到底是谁人之言？这关涉到《缁衣》所要表达的思想，是《缁衣》的宗旨所在，所以就不单单是文献学上的作者问题。那么《缁衣》所记录的是公孙尼子之言，还是子思子之言，还是孔子之言？其实这一问题在历史上也存在一定的争议。

认同《缁衣》所记录的是公孙尼子本人之言，例如宋代冯椅说："此篇多依仿圣贤之言，而理有不纯、义有不足者多矣。"① 明代郝敬说："相传为公孙尼子作，依仿圣言，而味浅旨不醇，引《诗》《书》无自得之趣，信非圣人语。"② 清代姚际恒说："陆德明引刘瓛云'《缁衣》公孙尼子所作'，然则篇中所有'子言之''子曰'者，盖公孙尼子也，不然鲜不以为孔子矣。因知《记》中他篇亦有'子曰'字者，本非冒为孔子，不可便以为孔子之言也。"③ 此数家都以《缁衣》所记为公孙尼子之言，理由大致都是认为《缁衣》的思想内容不纯正。姚际恒更是直接指出绝非孔子之言，但他又退了一步说，与孔孟之义相去不远，不可低估《缁衣》的价值："此篇旨趣虽平浅，然孔孟之义为多，老庄之义犹少，未大倍于圣人之道，不可因其为公孙尼子之作而遽少之也。冯氏、郝氏之徒皆谓其理不纯正，正以其知为公孙尼子而云也。"④ 需注意到，这一种观点自宋时

① 陈澔：《礼记集说》，影印文渊阁《四库全书》第 121 册，台北：商务印书馆，1986 年，第 979 页。
② 郝敬：《礼记通解》卷二十，明九部经解本。
③ 杭世骏：《续礼记集说》卷九十二，清光绪三十年浙江书局刻本。
④ 杭世骏：《续礼记集说》卷九十二。

而兴，极有可能是受到宋代以来"疑经"风气的影响，而并非自古有之。

认同《缁衣》所记录的是子思子之言的，如清末皮锡瑞说："《缁衣》刘瓛云'公孙尼子所作'，公孙尼子乃子思弟子，其称'子曰''子言之'盖即子思子之言。……沈约云《礼记》：《中庸》《表记》《坊记》《缁衣》皆取子思子，是此数篇所云'子曰'皆属子思子，本非孔子之言。"① 皮锡瑞的理由是《中庸》《表记》《坊记》都是子思的言论，并且《缁衣》记录者公孙尼是子思的弟子，所以《缁衣》所记应是子思之言。实际上，皮锡瑞的观点是针对时人质疑《缁衣》的真伪而提出来的，它的价值更在于近代以来的文献辨伪上，所以此说在古代所持有者是极少的。

黄道周则明确提出《缁衣》所记录的是孔子之言。在说明《缁衣》全篇架构的基础上，他提到"臣观《缁衣》一书，二十三章皆本仲尼之言，杂引《诗》《书》以明之，凡十五引《书》，二十三引《诗》，其称《易》者一而已"；在论述《缁衣》全篇宏旨时，他又提出"仲尼思见圣人而归于有恒"；在介绍《缁衣集传》的解经特点时，他提到"以其分衍仲尼之意，不复解经，故略于所引《诗》《书》"。② 可以看出，黄道周认为《缁衣》所记录的是孔子的言论，只是由公孙尼所记录下来。值得

---

① 皮锡瑞：《礼记浅说》卷下，清光绪二十五年刻本。
② 以上均见黄道周：《缁衣集传》，影印文渊阁《四库全书》第 122 册，第 1117 页。

注意的是，《缁衣》中所引用的《诗》《书》《易》是孔子言论中所引用，还是公孙尼在整理孔子语录时所引用呢？黄道周没有明确论说，但是他提到《缁衣》本于仲尼之言，意思是《缁衣》并不全部都是孔子的原话，只是以孔子的言论作为根本；而"杂引《诗》《书》以明之"，这里的"杂引"当是公孙尼的作为，并且这里的"之"正是指孔子的言论，说明公孙尼引用《诗》《书》来发明孔子之言。再者，黄道周说到《缁衣集传》只是"分衍仲尼之意"，他并非意在训诂章句式的解经，所以对原非孔子言论的所引《诗》《书》，就注解得相对简略，这也从侧面说明了他认为所引《诗》《书》是记录者公孙尼的行为。

总而言之，黄道周认为《缁衣》的记录者是公孙尼，所记录的言论出自孔子，而其中所引《诗》《书》《易》是公孙尼的作为。在历史上，《缁衣》所记录的是孔子之言的观点亦非黄道周所独创。早在西汉初年，贾谊在《新书》中就曾引用《缁衣》的内容，他提到"孔子曰：'长民者，衣服不二，从容有常，以齐其民，则民德一'""孔子曰：'为上可望而知也，为下可类而志也，则君不疑于其臣，而臣不惑于其君'"①，可以看出，贾谊即认为《缁衣》所载言论出自孔子。所以此观点渊源有自，甚至要比出自公孙尼的观点更早。

所以我们可以看到，"信古"的态度与视《缁衣》为孔子之

---

① 贾谊：《新书校注》，阎振益、钟夏校注，北京：中华书局，2000年，第47-48页。

言，都是将《缁衣》文本进行经典化的前提，也是将《缁衣》单篇别行的前提。《缁衣》在文献学上不仅是可信的，它所记录的还是孔子之言、圣人之道，自然要比公孙尼或子思的言论更有价值，由此确立了《缁衣》思想内容的权威性，这也是其单篇别行的一个合理之处。

二、《缁衣》的主旨问题

关于《缁衣》的思想旨归，历来注解者多有总结，所以也存在着不同的声音。但加以分梳之后，可以看出主要展现为伦理与政治两个维度。传世文献对《缁衣》思想旨归的论说，最早莫过于郑玄所言"名曰'缁衣'者，善其好贤者厚也"①。郑玄的说法本是联系《诗经·郑风》中的《缁衣》一诗，认为是为了颂扬具有好贤行为的君主。不过此处的好贤只是局限于君主行为的层面，郑玄之后的注家则揭示出更广与更深的面向。

卫湜《礼记集说》收录了朱熹的说法："《缁衣》兼恶恶，独以'缁衣'名篇者，以见圣人有心于劝善，无心于惩恶也。"② 朱熹的说法极富启发性，他提出《礼记·缁衣》一篇的主张有好贤的层面，也有恶恶的层面，而为何单单拿以好贤为

---

① 阮元校刻：《十三经注疏》，北京：中华书局，2009年，第3575页。
② 卫湜：《礼记集说》，影印文渊阁《四库全书》第120册，台北：商务印书馆，1986年，第431页。

主旨的"缁衣"作题目，而隐去了以恶恶为主旨的"巷伯"①呢？原因是《缁衣》旨在劝善，而不在惩恶。在这里，朱熹从好贤的君主行为中，指出好贤行为具有引导民众向善的教化功能。

同样，方悫指出："此篇凡二十四节，大抵多明人之好恶。人之所宜好者莫如贤，所宜恶者莫如恶。《缁衣》，好贤之诗也。"② 意思是，好贤的行为源于人的好恶，从人自身的好恶出发，所好者应当是贤人，所恶者应当是恶人。这里的"宜"就是应当的意思，其推论逻辑在于由好恶之"是"，推出好恶倾向上的"应当"，而其中隐而未彰的是，之所以有如此之"应当"，则是人之好恶所固有的好贤恶恶的倾向。

也有注家留意到了《缁衣》政治层面的宗旨。譬如吕大临说"此篇大旨言为上者言行、好恶所以为民之所则效，不可不慎也"③，还有清代姜兆锡说"此篇多言君子居上之道"④，即点明了为上者的个人好恶所产生的政治影响。由善恶好恶过渡到政治层面，这一点很像西方伦理学中美德与政治的关系，亚里士多德在《尼各马科伦理学》一书中提出："人自身的善也就是政治科学的目的。一种善即或对于个人和对于城邦来说，都是同一的，然而获得和保持城邦的善显然更为重要，更为完满。一个人获

---

① 《诗经》中的《郑风·缁衣》言好贤，《小雅·巷伯》言恶恶。
② 卫湜：《礼记集说》，影印文渊阁《四库全书》第120册，第432页。
③ 卫湜：《礼记集说》，影印文渊阁《四库全书》第120册，第431页。
④ 杭世骏：《续礼记集说》卷九十二。

得善值得嘉奖，一个城邦获得善却更加荣耀，更为神圣。"① 意思是，共同体的政治是践行美德的最高层次，只有将"善"落实到政治层面（城邦—国家）才是大善。

　　而关于《缁衣》主旨的两个维度，即美德与政治，后世的注家也是按照这一进路进行阐发的。陈祥道说"其《诗》之辞每章而每加者以明善善而无己也。人君好善如是，则人将轻千里而来矣，是则《缁衣》之善岂特当时以为宜？而天下后世亦宜然也"②，指出了《缁衣》在于明善，而明善的效用是巨大的，既能够在政治上吸纳天下臣民，还能够作为永恒的价值运用于千秋万代，亦即指明了君主好善的巨大功用；从某种意义上讲，也说明了君主好善的目的在于政治教化层面。清人刘沅更是指出"此篇多言好恶，而独以《缁衣》名篇者，恶恶亦所以勉善也。……人君患在好恶不明，即明矣而不诚，则善无以劝、恶无以惩。如《缁衣》《巷伯》之诚则不必屡以爵赏，善而民自忠厚；不必轻用刑罚，恶而民自悦服"③，同样是将君主个人的好恶落实在政治教化层面，其至说个人的德行修为要比爵赏、刑罚对政治更有效，更有召唤力。

　　类似的思想在黄道周《缁衣集传》中，均获得了更进一步的详细深刻的阐发。关于《缁衣》的旨归，黄道周开篇明义指

---

① ［古希腊］亚里士多德：《尼各马科伦理学》，苗力田译，北京：中国人民大学出版社，2003 年，第 2-3 页。
② 卫湜：《礼记集说》，影印文渊阁《四库全书》第 120 册，第 431 页。
③ 刘沅：《礼记恒解》卷三十二，清道光刻本。

出"《缁衣》言好善也"①。这一宗旨的发明实际上还属于前人的思想成果，而黄道周在此基础上提出"好善恶恶，民之性也"②，他不仅将好恶视为君主个人的好恶，更扩充到所有的人，尤其是共同体中具有政治身份意义的"民"。也就是说，《缁衣》是讲好恶，但是君主个人有好恶，而天下民众也有好恶，二者的好恶都是出于本性之中的向善趋势，那么在这样的情况下，如何施行政治？

在这里，天下民众不是完全被控制被塑造的、无灵性的存在，他们是拥有独立意识的主体，在政治生活中也同样具有主体地位。于是黄道周提出，针对这样的情况，君主应在政治当中做出适当的调整，"明主审之于先，先平其好恶，以察人之善否"③，这里出现的好恶的归属"其"所指的是人民，意思是君主需要先了解人民的好恶，才能把握朝纲政治中的善恶问题。但是如何把握政治中的善恶问题呢？

君主了解人民的好恶，知道人民的善恶，然后就能"见贤而后举，举而遂先；见不贤而后退，退而遂远"④，也就是见善者贤

---

① 黄道周：《缁衣集传》，影印文渊阁《四库全书》第122册，第1014页。

② 黄道周：《缁衣集传》，影印文渊阁《四库全书》第122册，第1014页。

③ 黄道周：《缁衣集传》，影印文渊阁《四库全书》第122册，第1014页。

④ 黄道周：《缁衣集传》，影印文渊阁《四库全书》第122册，第1014页。

人即加以任用，见恶者不贤即远离。这一点与传统的解释颇不相同，上文提到一般的解释是从君主个人的好恶出发，推出政治行为上的举贤去恶，而黄道周还提出从民之好恶出发，推出贤者进、不贤者退。回到前者的观点上，君主个人好恶的事实，能够直接推出行为上的好贤之"应当"吗？我们很容易想到"休谟问题"，即"事实命题"无法推出"价值命题"。所以只从这一方面对《缁衣》旨归进行总结，其实在逻辑上还不够圆融。

那么我们看黄道周对《缁衣》旨归的观点，从民众自身的好恶出发，贤者进而不贤者退，实际上是将"好恶"作为贤与不贤的判断标准，与君主个人的好恶取向并没有直接关联。所以这里就不存在"休谟问题"，君主在这里起的作用只是作为一个对贤与不贤的判断者。于是黄道周强调：好恶不是一个人的好恶，政治不是一个人的政治。

在这样的思想架构上，黄道周顺理成章地总结出《缁衣》的旨归，即"求端懿好，格民邪心"，意思是君主要求取任用贤人，同时劝诫革除百姓的邪恶之心。由此《缁衣》的终极目的就是"建礼乐之原，立中和之极"，礼乐之原是什么？就是仁义，黄道周说"礼乐有其本，仁义有其用"，也就是说仁义是体，礼乐为用，二者是体用关系；所谓"极"，此处盖指要建立起共享于天、地、人三才，使之达到中和形态的极则。①

---

① 以上均见黄道周：《缁衣集传》，影印文渊阁《四库全书》第 122 册，第 1014 页。

以上通过比较，黄道周对《缁衣》旨归的总结，比于传统的解释会更为高明、深刻。《四库》馆臣在《提要》中介绍《缁衣集传》时说"道周《集传》，本经筵进呈之本意，欲借以讽谏，故于好恶之公私、人才之邪正，三致意焉"①，认为黄道周的《缁衣集传》着力于好恶与举贤的宗旨。此点评是十分恰当的，不过并未深入挖掘《缁衣集传》的精义，即体察到仁义与中和的终极层面，这一点大概与清儒舍弃了义理探源而追求实用的学风相关。

但是清儒实际上是指出了《缁衣集传》的实用目的，就是劝谏君主，为君主提供选贤用人的方法。我们不妨将这一层次的目的称为现实目的、直接目的，将建构仁义与中和之极的目的称为义理目的、终极目的。至此，清儒在点评《缁衣集传》时多忽略了义理目的，而只是指出其现实目的，如《四库全书总目》说道"道周此书，意主于格正君心，以权衡进退，所重在君子小人消长之间，不必尽以章句训诂绳也"②，再如清人周中孚说："杂引史传中百二十事，分系各章之后，且举其人以实之，以明用人之法，而记其卷末云云。统天用人之主，能采是篇，以定士汇、振人心、砥风俗、辨爵位，则公卿侍从、常臬尹伯、百执有司、党正之属，咸就其职；谗谄面谀、猥活贪黩

① 黄道周：《缁衣集传》，影印文渊阁《四库全书》第122册，第1013页。
② 《四库全书总目》卷二十一经部二十一，北京：中华书局，1965年，第171页。

之徒,可以不烦萧斧而治也。诚哉!取士之方,尽于是矣,是皆陈善纳诲之辞,不可以章句训诂绳之。即《坊》《表》《缁衣》三篇,皆当作如是观也。"① 二例皆提及《缁衣集传》的目的在于进贤退恶,为君主提供一套取士之方,此应视为《缁衣集传》最为直接的政治目的。

那么我们反观上文对《缁衣集传》所分梳的两种目的,无论是义理目的还是现实目的,都不是为了《礼记·缁衣》的文本本身。尽管黄道周自称"复作小书生",但是《缁衣集传》绝不单单是一本纯粹的学术著作,正如黄道周自己承认的以及清儒所反复说明的"不以章句训诂",事实上《缁衣集传》包含着黄道周对现实政治很强烈的经世致用主张,也隐含着黄道周对传统儒家终极之道的不断探寻。所以本书对《缁衣集传》的研究,目的不仅仅在于阐述清儒指出的政治主张,更在于清儒所忽略的深层义理思想。

三、《缁衣集传》的研究意义

《缁衣集传》的研究意义主要体现在两个方面,一是石斋学研究方面的价值,一是《缁衣集传》作为《礼记·缁衣》诠释史上唯一单篇别行的注本,具有独一无二的经学史价值。在石斋学研究方面,《缁衣集传》不时透露出黄道周个人的学术观点与态度,所以对《缁衣集传》的研究,将有助于我们间接地了

---

① 周中孚:《郑堂读书记》上册,北京:商务印书馆,1959 年,第 82 页。

解黄道周在某些他没有专门著述的领域的观点。我们以其"禁行章"为例，来考察黄道周本人对王安石变法这一历史事件的基本态度。

《礼记·缁衣》云"君子道人以言，而禁人以行，故言必虑其所终，而行必稽其所蔽，则民谨于言而慎于行"，黄道周据此经文，对王安石变法中的新旧两派人员作出批判。我们可以从三个方面进行简单论述。第一方面，是黄道周对变法中新旧两党的褒贬立场。王安石变法主要以"理财"和"整军"为中心，尤其是"理财"，而对熙宁元年关于两府灾害不赐金帛的那场辩论，黄道周认为"上心是司马光说，然见（王安石）理财说亦不能无动。……盖自是而理财之说终为汴宋蔽，故'言必虑其所终，行必稽其所蔽'，若熙宁之初议是矣"①；并且进一步就王安石变法所推行的青苗法，对新旧两派的人作出定性，"如司马光者，可谓言虑所终，行稽所蔽者矣"，"韩琦者，可谓言虑所终，行稽所蔽者矣"，"如苏轼者，亦可谓虑终稽蔽者矣"，而"如安石者，可谓言不虑所终，行不稽其所蔽者矣"②。我们可以看到，黄道周对变法中司马光、韩琦、苏轼等保守派基本都是肯定的评判，认为符合《缁衣》对君子行为的设定。而黄道周对主

---

① 黄道周：《缁衣集传》，影印文渊阁《四库全书》第 122 册，第 1037 页。

② 黄道周：《缁衣集传》，影印文渊阁《四库全书》第 122 册，第 1038-1039 页。

张变法者宋神宗则采取回护的方式，认为宋神宗是被王安石所蛊惑；对变法的始作俑者王安石本人，则是鲜明的贬抑态度。

第二方面，就新旧两党的政治斗争，黄道周揭示了王安石的一些短处，"（司马光）贻书安石为开陈甚苦，而安石不悔"，"（王安石）立帜之论，甚矣其缪也，而犹以此胜，故如王安石者，可谓不禁人以行，而禁人以言者矣"①，指出司马光劝阻王安石变法，痛陈变法之弊，但王安石丝毫没有在意，反而以历史上韩信的立帜之论对司马光进行政治攻击②，达到排挤司马光的政治目的。更有甚者，黄道周还为苏轼进行辩护，包括著名的乌台诗案。当苏轼上疏劝阻宋神宗变法时，"上深然之，而王安石大恨，使御史谢景温劾其丁艰，归蜀为商贩，穷治之不得也。卒以李定、舒亶辈劾其诽谤，系狱；赖皇太后申救，乃免。故如王安石者，亦可谓不禁人以行，禁人以刑者矣"③。其中先后对苏轼进行弹劾的谢景温、李定、舒亶等都是主张变法的新党，这些人使用政治手段排斥苏轼，甚至在乌台诗案中致使苏

---

① 黄道周：《缁衣集传》，影印文渊阁《四库全书》第 122 册，第 1039 页。

② 参见《缁衣集传》载："（王安石说）'昔韩信遣卒，拔赵帜，立汉赤帜，赵卒为气夺。今用光，是与异论者立赤帜也。'乃以端明殿学士出光，知永兴军。"见黄道周：《缁衣集传》，影印文渊阁《四库全书》第 122 册，第 1039 页。

③ 黄道周：《缁衣集传》，影印文渊阁《四库全书》第 122 册，第 1041 页。

轼险些丧命。在这里，黄道周将并非王安石主使操控的乌台诗案也放在了王安石身上，可以看出在黄道周眼里，王安石活脱脱是一个善用政治伎俩的小人。

第三方面，黄道周对王安石变法本身的评价，"王安石既变法，立条例司，行均输、市易、青苗、方田，诸政事暴急，诸少年佞之。为速功，中外汹汹，胥为怨谤，乃置逻卒察谤时政者，立置之法"①，指出王安石变法过于急功近利，短时间内开展均输法、市易法、青苗法、方田均税法等，并且多为强制执行，没有照顾到现实的政策可行性，造成一定的社会混乱。所以对于王安石变法这种操之过急的行为，黄道周站在保守的立场，基本采取批判的态度，同时也可以看出黄道周具备着兼顾政策的现实可行性的思想。

通过黄道周对王安石变法这一历史事件的评价，我们可以间接看到黄道周本人的某些政治立场与思想，有助于石斋学研究的推进，并且能够看出黄道周实际上是将《缁衣》经文视为圣人立法的准则，尤其是当作君子与小人的判定标准。

《缁衣集传》在经学史上的学术价值，我们主要以两个方面的案例来说明，即《缁衣》经学文献方面的相关问题与《缁衣集传》的经学史地位。第一方面，《缁衣集传》虽然不是侧重于文献学的著作，并且也无意于在文字文献上花功夫，但无意中

① 黄道周：《缁衣集传》，影印文渊阁《四库全书》第 122 册，第 1037 页。

还是涉及一些经学文献的重要问题。首先是涉及《礼记·缁衣》的成书问题，虽然黄道周肯定《缁衣》是公孙尼子所记录的关于圣人孔子的语录，但是出现在《礼记》当中的这一篇文献是如何成书或者如何演变的呢？黄道周将《缁衣》中的引《诗》"《大雅》曰'仪刑文王，万国作孚'"① 改为"《大雅》曰'仪刑文王，万邦作孚'"，并且有一个简短的说明："汉文'邦'避作'国'。"② 这实际上说明一个问题，就是认为《礼记》中《缁衣》篇是在汉代成书的，或者说经过汉代人的编订。我们参照简本《缁衣》，郭店简与上博简两种也均作"邦"字。③ 并且现代学界仍有持类似观点者，虞万里提出"荀悦《汉纪》云'讳邦之字曰国'，作'国'固系避汉高祖讳"④，再如刘信芳甚至提出"今本《缁衣》应钞成于汉代初年"⑤。所以我们可以发现，黄道周在未见出土简本《缁衣》的情况下，一方面肯定《缁衣》是圣人之言，一方面又指出成书与汉人有关，应该说是比较准确并且持着包容态度的。

其次是涉及《尚书》今古文的问题。黄道周对经学上的今古文问题，一样持比较包容的态度，并未严分今古，也没有分

① 阮元校刻：《十三经注疏》，第 3575 页。
② 黄道周：《缁衣集传》，影印文渊阁《四库全书》第 122 册，第 1018 页。
③ 虞万里：《上博馆藏楚竹书〈缁衣〉综合研究》，武汉：武汉大学出版社，2009 年，第 26 页。
④ 虞万里：《上博馆藏楚竹书〈缁衣〉综合研究》，第 34 页。
⑤ 刘信芳：《郭店简〈缁衣〉解诂》，见武汉大学中国文化研究院编：《郭店楚简国际学术研讨会论文集》，武汉：湖北人民出版社，2000 年，第 166 页。

派站队，而是对晚清以来今文家所圈定的今文典籍与古文典籍都十分重视。《礼记·缁衣》由于征引许多《尚书》文句，不免会涉及《尚书》今古文的问题，譬如《缁衣》引《君牙》"夏日暑雨，小民惟曰怨；资冬祁寒，小民亦惟曰怨"①，这一句在古文《尚书》的《君牙》篇②作"夏暑雨，小民惟曰怨咨；冬祁寒，小民亦惟曰怨咨"③。参照简本《缁衣》，郭店简与上博简均与《礼记》传本相仿。④而黄道周在《缁衣集传》则将此引文改为"夏日暑雨，小民惟曰怨；咨冬祈寒，小民亦惟曰怨咨"，且有一段文字说明："今引《书》以'怨'为句，则似云'咨冬祈寒'也，当依今本⑤补定'咨'字。"⑥黄道周首先是厘定引文，也就是将《缁衣》的引文与《尚书》原文做对比，然后进行综合判断与取舍。由于黄道周认为应该断句于"小民惟曰怨"之后，所以他选定《礼记·缁衣》传世本为准，并参照《尚书·君牙》，在"小民亦惟曰怨"之后补一个"咨"字。所以我们可以发现，《缁衣集传》对古文《尚书》的态度是十分宽容的，而且具有一定的判断与取舍。

---

① 阮元校刻：《十三经注疏》，第 3581 页。

② 屈万里反过来认为是伪古文《尚书》根据《礼记·缁衣》这一条《君牙》引文进行伪造的，"改易《礼记·缁衣》引《君牙》之文"。见屈万里《尚书集释》，上海：中西书局，2014 年，第 327 页。

③ 阮元校刻：《十三经注疏》，第 523 页。

④ 虞万里：《上博馆藏楚竹书〈缁衣〉综合研究》，第 51 页。

⑤ 此处所谓"今本"，实指古文《尚书》。

⑥ 黄道周：《缁衣集传》，影印文渊阁《四库全书》第 122 册，第 1079 页。

第一章 《缁衣集传》的学术价值

　　最后一点是涉及《缁衣》引文与原出处文字有较大出入的问题。上一个案例其实也是引文与原出处文字有出入，但是出入并不大。《缁衣》当中有一处《尚书》的引文，与原出处的文字出入较大，即引《尚书》"《说命》曰'爵无及恶德，民立而正事，纯而祭祀，是为不敬，事烦则乱，事神则难'"①，《礼记·缁衣》传世本这一句引文在郭店简与上博简的《缁衣》中均不见，最奇怪的是该引文在所引原出处《尚书》当中也不见。黄道周对此有一段解释："《说命》云'官不及私昵，惟其能；爵罔及恶德，惟其贤。虑善以动，动惟厥时'，又云'惟厥攸居，政事惟醇，黩于祭祀，时谓弗钦，礼烦则乱，事神则难'，前后互异，盖古人引《书》多若此，不必为真赝异文也。"② 意思是，《缁衣》传世本这一句引文是对《尚书·说命》两句的提炼式的征引，或者说二者大义是相仿的，那么为什么会出现这样的征引方式呢？黄道周认为古人著书的引文多是如此，而且他自己也屡有这样征引方式出现，譬如《孝经集传》引"《书》曰'匹夫匹妇，如或胜予'"③，《尚书》实无此原句，其大义极有可能来自《夏书·五子之歌》"愚夫愚妇，一能胜予"与《商书·咸有一德》"匹夫匹妇，不获自尽"两句的结合。所以我们可以发现，在经学文献的问题上，《缁衣集传》并没有进行锱铢必较式的辨伪，而是只要文句大义与圣人之言相去无几，

---

① 黄道周：《缁衣集传》，影印文渊阁《四库全书》第122册，第1110页。
② 黄道周：《缁衣集传》，影印文渊阁《四库全书》第122册，第1110页。
③ 黄道周：《孝经集传》，第128页。

即以圆融的态度予以包容与肯定。

除了涉及经学文献方面的相关问题，对于《缁衣集传》在经学史上的地位，我们有必要作简单介绍。从义理层面看，一方面，对黄道周《缁衣集传》治道思想的发掘，有助于传统儒家治道思想的现代性转化与创新性发展。由于传世经典《缁衣》蕴含着从德行到政治教化的治道思考，因而围绕着其中的国家治道展开研究，其实是对传统儒家治道思想的发掘，对于构建中国治道理论体系，具有重要的学术意义。另一方面，则是开拓不同于出土文献《缁衣》研究的新领域。目前学界对《缁衣》的关注，主要落在出土文献郭店楚简和上博简《缁衣》，相对忽视了传世经典《缁衣》本身的治道价值。治道是儒家经典研究的归宿，本书研究正是着重发掘《缁衣》的治道内涵，填补传世经典《缁衣》研究的缺失。

从目录学的角度看，能够加深明代《礼记》学乃至明代经学史的研究。《四库全书总目·经部》礼类三所著录的整个明代《礼记》的相关著述，有《礼记大全》《月令明义》《表记集传》《坊记集传》《缁衣集传》《儒行集传》六部（不包括"存目"部分），我们可以发现除了《礼记大全》，其余五部都是黄道周的著作，其中就包括《缁衣集传》。而《四库全书》之所以著录胡广等人为科举应试所编的《礼记大全》，是因为其科举功用的巨大影响，并非就学术本身而言。而且《礼记大全》多沿旧说，少有发明，清儒其实十分不屑，著录于《四库全书》全是因为

"特欲全录明代五经，以见一朝之制度，姑并存之云尔"①。黄道周的《礼记》五书能够在清儒苛刻的眼光中脱颖而出，则是因为在《礼记》经学史上有其独特地位与重要的学术价值。所以整个明代的《礼记》学，可以称道者唯有黄道周的"《礼记》五书"。黄道周的治学具有兼容汉学与宋学的特点，"《礼记》五书"中的《缁衣集传》作为《礼记·缁衣》研究史上唯一单篇别行的诠释本，展现了儒学既重视心性德行、又重视经世致用的完整面向，就更加显得弥足珍贵。

---

① 胡广：《礼记大全》，影印文渊阁《四库全书》第 122 册，台北：商务印书馆，1986 年，第 2 页。

第二章

《缁衣集传》的解经特征

在《礼记》五书中，《缁衣集传》与《儒行集传》的解经方式最为相似，而《坊记集传》与《表记集传》相类，《月令明义》则相对比较特殊。本章节专就《缁衣集传》的解经体例与解经特点展开讨论，提出《缁衣集传》解经具有易学化、理学化、实学化三个特点。需要说明的一点是，《缁衣》虽然是一个经学文本，但是黄道周的解经并没有采用汉儒式的训诂考据方法，而是以阐明经文的义理思想为主。这一点在《缁衣集传》当中，黄道周也做了说明，"以其依经起义，别于训诂，故谓之传"①。

一、《缁衣集传》的诠释体例

《礼记·缁衣》原文是不分章节的，但观其原文，实是记录

① 黄道周：《缁衣集传》，影印文渊阁《四库全书》第122册，第1117页。

"子言之""子曰"的 24 条语录。为了方便注释，后世一些注译本常常将每一条语录分作一节，例如现代学者杨天宇的《礼记译注》将《缁衣》按语录划分为 23 节。① 黄道周《缁衣集传》也将《缁衣》分作 23 章，其依据除了原经文"子言之""子曰"的标志，更以每一条语录的末尾引《诗》来分章，亦即保证每一章"子言之""子曰"的语录之末，必有引《诗》作结。② 但比于原经文 24 条语录缺少一章，原因在于黄道周将《缁衣》原文第 17 条语录与第 18 条语录合并称为一章，因为原经文第 17 条语录是没有引《诗》的。所以黄道周直接将原经文第 18 条语录开头的"子曰"去掉，将语录内容合并入第 17 条语录中，并在最后注明"诸本'言有物'上有'子曰'二字"。③ 这就是《缁衣集传》之所以分出 23 章的依据。

黄道周对其后期的经学著作《月令明义》《儒行集传》《坊记集传》《表记集传》都进行分章取名。关于这一做法，清儒似有不屑，譬如对《表记集传》的分章，《四库》馆臣称："今乃约之为三十六章，皆古训所未有，更于说经之法有乖。"④ 而对

---

① 杨氏将《缁衣》24 条语录分作 23 节，是将第 4 条语录与第 5 条语录合并，原因未详。见杨天宇《礼记译注》，上海：上海古籍出版社，2012 年，第 733–745 页。

② 除了首章"子言之曰：'为上易事也，为下易知也，则刑不烦矣。'"此条语录具有对《缁衣》全文的总论性质，故而例外，没有引《诗》。

③ 黄道周：《缁衣集传》，影印文渊阁《四库全书》第 122 册，第 1084 页。

④ 黄道周：《表记集传》，影印文渊阁《四库全书》第 122 册，台北：商务印书馆，1986 年，第 834 页。

《缁衣集传》的分章，清儒虽未明示褒贬，不过应该也有几分相同的意思，特别是对分完章之后的所取章名。

黄道周对《缁衣集传》分出的 23 章各取章名，分别为不烦章第一、咸服章第二、孙心章第三、民表章第四、好仁章第五、王言章第六、禁行章第七、德壹章第八、壹德章第九、示厚章第十、不劳章第十一、成教章第十二、忠敬章第十三、亲贤章第十四、慎溺章第十五、体全章第十六、壹类章第十七、好正章第十八、坚著章第十九、德惠章第二十、声成章第二十一、成信章第二十二、恒德章第二十三。清人周中孚评价："凡分二十三章，自'不烦'迄于'恒德'，皆强立篇名，随心标目。"① 然而我们细察《缁衣集传》全文，会发现黄道周绝非强行取名、随意而为。在此，笔者举出三例加以阐述：

第一，"不烦章"的取名，来自《缁衣》原文"为上易事也，为下易知也，则刑不烦矣"。《缁衣集传》开章即提出一个关键问题："（《缁衣》）好善而言刑不烦，何也?"② 由此，黄道周对本章的诠释即紧紧围绕着如何做到"刑不烦"而展开。所以说在政治上能够达到"不烦"，就是一种理想的状态。"好善"是《缁衣》全篇的宗旨，而"不烦"则是本章的主旨，以此作为章名是十分恰当的。

第二，"成教章"的取名，来自《缁衣》原文"政之不行

---

① 周中孚：《郑堂读书记》，第 81 页。
② 黄道周：《缁衣集传》，影印文渊阁《四库全书》第 122 册，第 1014 页。

也，教之不成也"。照此原文看，主要是讲述"行政"与"成教"两个方面，为何《集传》只以"成教"命章名，不兼顾两方面而取名为"行成章"或"政教章"呢？因而《集传》本章旨在发明"敬"和"明"，提出君主以敬明修身，不应滥于刑赏。君主以敬明修身，具有对百姓的典范教化作用。由此而知，黄道周认为本章更侧重于"教"，所以命章名为"成教"，而不是"行政"。这样的命名更能突出黄道周思想的重点所在，应该说是十分精当的。

第三，"德壹章"和"壹德章"的取名，前者取自《缁衣》原文"长民者衣服不贰，从容有常，以齐其民，则民德一"，后者取自《缁衣》引《书》"《尹吉》曰：'惟尹躬及汤，咸有一德'"。① 两个章名看起来接近，而且几乎是相同的意思，那为何分作章名相似的两章呢？那么两个章名又有什么区别，或者说这两章内容又有什么不同呢？在黄道周看来，确是没有区别："是章疑与上章为一，以其再引《诗》，故又分传焉。"② 也就是说，他认为这两章原本应是一章，所以取名就相同，而两章又都有引《诗》，所以为了稍作区别就将章名前后二字调换位置。可以看出，黄道周为《缁衣》分章取名是十分讲究的，章名与该章内容紧紧相合相扣，绝非随心强立。

---

① 黄道周：《缁衣集传》，影印文渊阁《四库全书》第 122 册，第 1043、1046 页。
② 黄道周：《缁衣集传》，影印文渊阁《四库全书》第 122 册，第 1046 页。

黄道周的《缁衣集传》全书若不计标点，共有十二万两千余言。开篇即以"不烦章"为标题，表示进入第一章，但实际上在真正进入第一章内容之前，有一段点明主旨的总结性论述，是针对全书的一段话。像这样的总结性论述在全书当中，还有一处，在全书最末尾，类似于现代文本的"后记"。这一段文字附于最后一章"恒德章"之末，即"臣观《缁衣》一书……"那一段话。这是出现在《缁衣集传》全书首尾的两段总结性论述。

《缁衣集传》全书中的内容，则是分章之后先出示《缁衣》原经文，然后在经文下作传注。凡每一章所引经文之下，必先有一段文字以阐发本章义理，其所阐发一般是紧紧围绕着该章章名展开的。所以每一章中的这一段阐发义理思想的文字，是整章乃至整本《缁衣集传》最重要、最核心的内容精髓。值得一提的是，《礼记·缁衣》虽然是一个经学文本，但是黄道周《缁衣集传》的诠释方法并不是采用汉儒式的训诂考据，而是以阐明经文的义理思想为主。

在每章的这一段义理文字之后，则是罗列历代圣王贤人的典故，作用是为这一段义理文字作历史证据。一般而言，每一章所罗列典故有十例左右，所以全书一共"略采经史，关于好恶、刑赏、治道之大者，凡二百余条"①。在此引"不烦章"的其中一例作为简单说明：

---

① 黄道周：《缁衣集传》，影印文渊阁《四库全书》第 122 册，第 1117 页。

章帝即位，纳陈宠之言，荡涤烦苛，定棰笞之令，制丙棰，长短有数，又下诏曰："《书》云'父不慈，子不祗，兄不友，弟不恭，不相及也'，往者妖言大狱，所及广远，一人犯罪，禁至三族，朕甚怜之，非所谓与之更始也诸以前妖恶禁锢者，皆蠲除之，明弃咎之路，但不得在宿卫而已。"又诏言："《春秋》于春月每书王者，重三正，慎三微也。律十二月立春，不以报囚。《月令》冬至之后，有顺阳助生之文，而无鞠狱断刑之政。朕咨访儒雅，稽之典籍，以为王者生杀宜顺时气定律，无以十一、十二月报囚。"会元和二年，旱议者以为断狱不尽三冬，故阴气发泄，以致灾旱。陈宠再引《春秋》《月令》以正之而定，故榜笞决囚之宪施用于今。如章帝者，可谓上易事而下易知者矣。①

此典故内容出自《后汉书》，黄道周引过来并无相关的义理阐发，只是为了给该章义理"上易事而下易知"作历史证据。而整本《缁衣集传》类似这样的历史典故占据了全书的大部分篇幅。

二、解经特点之一：易学化

《礼记·缁衣》本是记载圣人之言的语录，其义理思想比较

---

① 黄道周：《缁衣集传》，影印文渊阁《四库全书》第 122 册，第 1016 页。

隐晦，而黄道周在《缁衣集传》通过将其进行学术化处理，使其中的大义微旨得到突显与明朗。观《缁衣集传》全文，黄道周所做的学术化工作主要可归纳为三个向度，分别为易学化、理学化、实学化。

《缁衣》原经文征引《诗经》《尚书》众多，而引《周易》仅有一处，正如黄道周在后记中自云："臣观《缁衣》一书，二十三章皆本仲尼之言，杂引《诗》《书》以明之，凡十五引《书》，二十三引《诗》，其称《易》者一而已，归于'恒德'。"① 就是说《缁衣》原经文仅在最后一章《恒德章》征引《周易·恒卦》九三与六五的爻辞。《缁衣集传》的诠释文字，却有大半章节引《易》作解。凡"不烦章"引《系辞》，"孙心章"引《中孚卦》《遁卦》《巽卦》，"好仁章"引《文言》，"王言章"引《系辞》，"壹德章"引《坎卦》《睽卦》，"亲贤章"引《困卦》，"慎溺章"引《节卦》，"体全章"引《剥卦》，"壹类章"引《家人卦》，"坚著章"引《遁卦》，"成信章"引《中孚卦》之《小畜卦》、《中孚卦》之《履卦》，"恒德章"引《恒卦》之《大过卦》、《恒卦》之《小过卦》，可谓将《周易》的义理吸纳进来，将圣人的思想融会贯通，以诠释《缁衣》经文。

之所以出现如此解经特点，既源于诠释者黄道周本人的治

---

① 黄道周：《缁衣集传》，影印文渊阁《四库全书》第122册，第1117页。

学特长，也源于《缁衣》作为圣人之言，其圣人思想的融贯性为《缁衣》与其他经典相互诠释提供了可能。一方面，黄道周本人是一位著名的易学家，自其治学之初便以治《易》而闻名，尤其是象数易学。现代学者林忠军评价："其易学的广度和深度足可与邵雍媲美。"① 而且黄道周的治易历程是贯穿其一生的，学术生涯早期以象数易学而闻名，著有《三易洞玑》，晚年则将变卦解易发挥得淋漓尽致，著有《易象正》。所以在其他著作中，黄道周自觉或者不自觉地引进《周易》的义理，与其他经典相互诠释，这是可以理解的。《缁衣集传》就是一个典型的案例。

另一方面，《缁衣》作为圣人的语录，与另一部圣人所注的《周易》之间，必有思想上的某种相通性，尤其是在黄道周"五经"一贯的模式之下，《缁衣》原文引《诗》、引《书》自是不在话下，《缁衣集传》还杂引《春秋》及中国古代众多的历史典故，那么纳入《周易》来解释《缁衣》自然不难理解，甚至是不可或缺的。这样的诠释方式正好体现了在晚明时期，黄道周治学跨越汉宋而直追周孔、回归"六经"的努力。

在这里，我们择取两个典型例子，来论析黄道周如何将《缁衣》进行易学化诠释及其诠释意义。在《缁衣集传》"成信章"当中，原经文仅是强调"君子寡言而行以成其信"，然后民

① 林忠军、张沛、张韶宇等：《明代易学史》，济南：齐鲁书社，2016年，第362页。

众能够效仿跟随，黄道周的诠释文字却引进了《周易·中孚卦》：

> 中孚，信也。《中孚》之《小畜》："得敌，或鼓或罢，或泣或歌。"言信而畜疑者也。信而畜疑，则天下皆疑之。婚媾之与仇敌，乍起乍伏，鼓罢歌泣，有不能自主者矣。《中孚》之《履》："月几望，马匹亡，无咎。"言疑而致信者也。疑而致信，则天下皆信之。月望而马亡，不出百里，其夜必复交，绝数而行不迷也。①

　　这里出现了之卦，也就是黄道周所擅长的变卦解易。需要说明的是，从整个中国易学史上看，"变卦解易的思想到了黄道周这里达到了其历史的高峰，体例和思想都极其完备，《易象正》是彻底贯彻了变卦解易的思想"②。那么以《中孚》变卦解"成信章"，是否合理？或者说这样的诠释，其创新与意义何在？

　　析言之，"成信章"围绕着君子成信而展开，而《中孚卦》也是讲信德的，所以二者义理有相通之处。基于此，黄道周通过变卦解易的方法，认为《中孚》之《小畜》是"信而畜疑"，因为《小畜卦》九三爻辞是"夫妻反目"，正是君臣、君民之间

---

① 黄道周：《缁衣集传》，影印文渊阁《四库全书》第 122 册，第 1105 页。

② 翟奎凤：《变卦解〈易〉思想源流考论》，《中国哲学史》2008 年第 4 期。

猜疑的象征。所以综合本卦《中孚》与变卦《小畜》的义理，正好解释了《中孚卦》六三爻辞的意思，正如《易象正》所更为详致的阐发："信矣而复疑之，孚则不畜，畜则孚变，孚畜相持，乃信乃乱，或鼓或罢，或泣或歌，固其所矣。"① 同样的道理，《中孚》之《履》是"疑而致信"，正如《易象正》所说："中孚而能履，以长保富贵，不为异也，何咥人之有？"② 正好说明了君臣与君民之间需要情感相通、相互信任，所以即使"月望而马亡"也没有灾祸，而这便是"成信章"所隐含的主旨思想。

事实上，变卦解易的诠释方法在黄道周的其他《礼记》著作中是极少见的，仅在《缁衣集传》有两例。而《缁衣集传》成书在《易象正》之前，《易象正》堪称黄道周变卦解易的极致之作，那么我们可以发现，在《易象正》之前的《缁衣集传》中，变卦解易的方法以及变卦解易所展现的义理，实际上已经相当成熟。通过《缁衣集传》变卦解易的诠释，与《易象正》相关内容做比较，可以看出黄道周自觉地将自己独特的易学治学方法运用到了《缁衣》的解经当中。

另外，我们再举最后一章"恒德章"一例，作义理上易学化的体现。"恒德章"的《缁衣》原经文已引《周易·恒卦》九三与六五的爻辞，说明圣人之意原也以为《恒卦》能够辅助

---

① 黄道周：《易象正》，翟奎凤整理，北京：中华书局，2013 年，第 416 页。

② 黄道周：《易象正》，第 417 页。

诠释《缁衣》该章的义理思想。《缁衣集传》更是就《恒卦》
而展开讨论，首先是批判苏轼对《恒卦》大义的理解的偏颇，
《缁衣集传》云：

> 《易》曰："雷风，恒；君子以立不易方。"苏轼曰：
> "雷风非天地之常用也，天地之化所以无常者，以有风雷
> 也。君子法之，以能变为常，则其道运矣。"是未得《恒》
> 之义也。《恒》之为义，以阴从阳，以刚驭柔，以其不变制
> 其数变者也。风之起，无方；雷之立，有方。故雷作则风
> 随，雷起则风止。夫妇之道，《春秋》之义也。君子观于雷
> 风，以立其性，不以阴变阳，不以柔变刚，取其无方，归
> 于有方，取其无常，归于有常，而后万物之情可调也。①

为何单单批评苏轼对《周易》的解释呢？因为苏轼所解
《恒卦》与黄道周的思想恰好相反。《恒》卦象由雷风构成，主
流对《恒卦》大象传的理解是"长阳长阴，合而相与，可久之
道也"②，意思是《恒卦》震（雷）在上，巽（风）在下，即
"刚上而柔下"，那么刚柔与尊卑在此卦都能"得其序"③，也就
是说，震（雷）因刚尊而居于上，巽（风）因柔卑而处于下，

① 黄道周：《缁衣集传》，影印文渊阁《四库全书》第 122 册，第 1110
页。
② 阮元校刻：《十三经注疏》，第 97 页。
③ 阮元校刻：《十三经注疏》，第 96 页。

这样的位置与顺序是符合天地秩序、规律的，所以意味着能够恒久。基于此，程颐从人道的角度，诠释为"君子观雷风相与成《恒》之象，以常久其德，自立于大中常久之道，不变易其方所也"[1]。

苏轼解《恒》却另辟蹊径，大异其趣。苏轼认为天地的运行，因为风雷的作用而显现出无常的特征，那么君子观此天地无常之象，能够将"变化"本身视为不变，这就是天地运行的本质规律。其实苏轼的解释极具思辨性，以"变化"本身为不变，实际上是看到了万事万物都处于运动变化中，只有"变化"本身才是本体。但这样的诠释，与传统儒家所追求的伦理价值上的恒常之义，自然是格格不入，所以黄道周直言苏轼不懂《恒卦》之义。

黄道周指出《恒卦》是阳刚驾驭阴柔，是以不变驾驭变化的，所以"不变"才是主体，而"变化"只是随从附属。这一点可以从《恒》卦象上看出，雷的出现有方位，风的出现没有方位，这就是不变与变化的区别；而天地规律，每每是风跟随着雷而运行。那么雷风的关系，又象征着夫妇的"唱随之义"[2]，所以不可阴阳易位，不可使阴柔成为主体，也就是说恒常才是

---

① 程颐：《周易程氏传》，《二程集》，王孝鱼点校，北京：中华书局，2004年，第862页。

② 黄道周：《易象正》，第284页。此处关于雷风的夫妇之义，并非简单的比喻，"震为长男，巽为长女，遂以'长阳长阴'而名之……此卦明夫妇可久之道，故以二长相成，如雷风之义也"。见阮元校刻：《十三经注疏》，第96页。

处于主体的地位。在这里，黄道周的诠释引进了卦象的夫妇人伦之道，坚持传统儒家的主流解释，以维护儒家的立场，其背后隐藏着儒家的伦理纲常不可变的道理。我们也能发现，在解经过程中将《缁衣》进行易学化，实际上只是以《周易》作为诠释手段，其中寄托着黄道周作为儒者所要传达与阐明的主旨思想。

三、解经特点之二：理学化

除了易学，黄道周还是晚明时期重要且独特的理学家。其重要性在于对整个宋明理学的思想成果有总体的论述，在明清学术变革之际，可以说是一位理学内部的终结者①；其独特性体现在与同时代人的区别，例如刘宗周等人都是以气论性，而唯独黄道周明确将气质摒弃于人性之外。虽然黄道周后期的学术思想转向回归"六经"的经世致用之学，但在其解经过程无形中渗入了浓厚的理学因素。

本章节主要从三个方面，论析黄道周在诠释过程中对《缁衣》进行理学化处理：其一，《缁衣集传》多处使用理学特有的术语进行诠释；其二，《缁衣集传》的诠释内容，实际上预设着宋明理学所着重讨论的命题；其三，《缁衣集传》所展现的义理思想模式，具有十分明显的宋明理学特征。

---

① 黄道周等人与清初顾炎武、黄宗羲、王夫之三家在学术上对宋明理学，以外部终结的姿态进行学术总结，完成明末清初的学术转向，形成了一定的对比。

　　第一方面，黄道周作为一位理学家，常常会自觉或不自觉地以理学所特有的术语进行诠释，以更好地说明概念之间的关系，例如"本末""体用"等概念。本末、体用的概念在先秦时期已经出现，其哲学观念在魏晋玄学中也已显露出端倪，作为经典诠释的学术术语，却是在宋明理学中被广泛地使用。应该说这是宋儒从佛教典籍中借鉴而来的，可以将其视为宋明理学的诠释文字的特殊标志。黄道周在其著述中多处使用"本末""体用"及相关术语，《缁衣集传》也不例外。在《缁衣集传》中，比较明显地运用本末、体用概念的，共有四处。分别为：

　　1. 礼乐有其本，仁义有其用（《不烦章》）①；

　　2. 易事易知，化之原也；好贤恶恶，治之用也（《咸服章》）②；

　　3. 敬者，政之本也；明者，敬之用也（《成教章》）③；

　　4. 其体用同则其动静同，动静同则其敬肆同（《体全章》）④。

---

　　① 黄道周：《缁衣集传》，影印文渊阁《四库全书》第 122 册，第 1014 页。

　　② 黄道周：《缁衣集传》，影印文渊阁《四库全书》第 122 册，第 1018 页。

　　③ 黄道周：《缁衣集传》，影印文渊阁《四库全书》第 122 册，第 1059 页。

　　④ 黄道周：《缁衣集传》，影印文渊阁《四库全书》第 122 册，第 1079 页。

　　其中第一处即同时包含本末与体用的概念，但实际上这两组概念在这里有相通之处，句中的"其"指的是好恶，也就是说对好恶与礼乐而言，好恶是礼乐之本①；对好恶与仁义而言，好恶是仁义之用②。第二处与第一处相仿，对易简和政教而言，易简是政教之本；对好恶与政教而言，好恶是政教之用。第三处则认为敬是政治之本，明是敬之用。第四处则是说心的体用与身的体用是相同的。黄道周在这里虽然没有定义"本末"与"体用"的概念本身，但是他所运用的本末、体用概念，实则是借助宋明理学所常用的术语，来更好地说明事物之间的相互关系。应该说，这是一个比较典型的理学化特征。

　　第二方面的理学化特征，在《缁衣集传》的诠释内容中，多处预设了宋明理学的一些核心命题，或者说黄道周正是将这一些理学主题作为他展开论述的出发点。我们以《缁衣集传》中所隐含的人性论主题为例。关于人性的讨论，在中国起源很早，尤其是到孟子的时候已经十分成熟，那么为什么我们可以将人性论视为宋明理学的一个重要特征呢？宋明儒者是接着孟子的性善论继续讲的，而且进行了创造性的诠释，可以说人性论是宋明儒者普遍探讨的重要主题，譬如张载、二程、朱熹等

---

　　① 此处关联于《缁衣集传·不烦章》"好恶者，礼乐之所从出也。好縻天作，恶縻地奋。天动而好善，故因善以饰乐；地静而流恶，故因恶以立礼"。见黄道周：《缁衣集传》，影印文渊阁《四库全书》第 122 册，第 1014 页。

　　② 此处关联于《缁衣集传·不烦章》"好贤不笃则下衰于仁，恶恶不坚则下衰于义"。见黄道周：《缁衣集传》，影印文渊阁《四库全书》第 122 册，第 1014 页。

大儒都以人性论上通本体论、下贯修养论，人性论堪称宋明儒者哲学体系的一个核心部分，所以人性论的盛行可以视为宋明时期性理学兴起的一个重要标志。

黄道周的人性论从整个宋明理学发展史上看，都十分独特，他明确否定宋儒的"气质之性"，坚持将气质排除在人性之外，认为禀受于天的人性至善，掺杂不得一丝气质，由此坚守着孟子的性善一元论。① 在《缁衣集传》中，黄道周并未纯粹地就人性论展开论述，而是以其所主张的人性论作为《缁衣》诠释的出发点，也就是说将这一理学的重要主题作为经学诠释的基础。譬如《缁衣集传》开篇即提到"好善恶恶，民之性也"②，明确将好善恶恶视为人的本性特征，这就意味着好善恶恶是至善的行为，是人的至善本性的自然开显。基于这一点，黄道周就能够直接把握好善恶恶而展开论述。再如《缁衣集传》最末提到"《诗》言'民之秉彝'本于厥有恒性，盖人性本善，理义悦心，见贤者而好之，见不肖而恶之，虽奸宄盗贼，其性一也。惟在堂陛之间，人人饰貌则衡鉴难明；入于纷华之域，事事荡心则爱憎易变"③，这就更能明显地看出黄道周人性论的特点，

---

① 关于黄道周的人性论，详细可参见陈来先生《黄道周的生平与思想》（《国学研究》第 11 卷，北京大学出版社，2003 年）与蔡杰、翟奎凤《黄道周对孟子性善论的坚守与诠释》[《集美大学学报（哲社版）》2017 年第 2 期]。

② 黄道周：《缁衣集传》，影印文渊阁《四库全书》第 122 册，第 1014 页。

③ 黄道周：《缁衣集传》，影印文渊阁《四库全书》第 122 册，第 1117 页。

认为每个人的人性本善，而世间之有不善是后天受到不良习气的感染。所以我们能够发现，《缁衣集传》虽然是一部经学著作，不曾就理学命题展开详细讨论，但是其作者黄道周作为理学家，我们还是能够从中看到理学诠释的色彩。

第三方面的理学化特征，是《缁衣集传》所展现的义理思想模式，具有较为明显的宋明理学特征。我们以《缁衣集传》"壹类章"的内容为例。该章的《缁衣》原经文为"下之事上也，身不正，言不信，则义不壹，行无类也。言有物而行有格也，是以生则不可夺志，死则不可夺名。故君子多闻，质而守之；多志，质而亲之；精知，略而行之"①，主要谈论君子言行的问题。《缁衣集传》却将诠释范围大大拓宽与细化：

> 天下则犹之家，家则犹之身也。身不正，言不信，则其家人妇子不得而信之。故君子之学问被于天下，而其义行信于妻子。学问从博，所以为通也；义行从一，所以为精也。博则以为人师，精则以为人君。家之有严君，心之有严师，二者天下之至一也。②

可以看到，黄道周将君子个人的言行问题拓宽到家庭层面

---

① 黄道周：《缁衣集传》，影印文渊阁《四库全书》第 122 册，第 1084 页。

② 黄道周：《缁衣集传》，影印文渊阁《四库全书》第 122 册，第 1084 页。

乃至天下层面，并且同时细化到心灵的层面，由这一些不同的层面构建出"心—身—家—天下"一体化的完整系统。其论述理由是个人的言行如若不正，那么家中妻子儿女都不会信任他。因为君子的言行具有广泛的社会影响力，包括学问、义行会影响亲人乃至天下，所以个人的修为需要从最细处的心灵做起，由心灵扩充到身体的言行，再由个人言行扩充到家庭与天下。实际上，这就形成由心灵出发，逐级扩充到天下的层面的递推模式，即"心→身→家→天下"的递推模式。这样的递推模式，正是突出宋明儒者所强调的内在修养，认为只要达到内圣则外王自然不在话下，也就是外王需要从内圣的层面寻求依据与出路，需要由内圣开出，不可互相颠倒，这体现了宋明儒者偏重内圣的特点。

总而言之，《缁衣集传》虽然是一部经学著作，但是黄道周身为一位重要的理学家，在诠释过程中自觉或者不自觉地以理学的方法与思维进行文本诠释，体现了明末时期理学向经学转向或者说理学与经学相互交融的学术特征。

四、解经特点之三：实学化

《缁衣集传》是黄道周学术生涯后期的著作，因而实学化特征是十分明显的。实学的概念产生以后，到明末清初时期达到历史的高峰，黄道周是这一实学思潮中的代表性人物。其早期学术生涯中，将易学、天文、历算等融合在一起，进行科学实测，就是实学的体现；其学术生涯中期大谈性理之学，以儒家心性实体批判流于空疏的阳明后学，对抗佛老的空无本体，也是实学的体现；其学术生涯后期著有大量的经学著作，发明儒家经世致用的治道思想，更是实学所应有的题中之义。所以黄道周的一生，堪称是实学的一生。那么，其解经过程不可避免地就会带入实学的治学习惯，《缁衣集传》也就不出意外地带上丰富的实学色彩。

葛荣晋将实学定义为"实体达用"之学。在"实体"的层面，包括宇宙实体与心性实体。在"达用"的层面，"又有两层涵义：一曰'经世之学'，即用于经国济民的'经世实学'；二曰'实测之学'……即用于探索自然奥秘的自然科学"①。本章节将分作三个方面，论析《缁衣集传》的实学化特点，分别是：一、道体求实的主张；二、经世致用的诉求；三、实测之学的运用。

第一方面，黄道周认为所谓"体"或者"道"一定要落到实处。也就是说，一方面，道体本身就是实在的；另一方面，"实体"务须"达用"。"声成章"的《缁衣》原经文为"苟有车必见其轼，苟有衣必见其敝，人苟或言之必闻其声，苟或行之必见其成"，黄道周认为本章就是旨在阐发求实的道理：

> 此言道之致实也。实存于中，则名征于外。……以为不闻而言之，以为不成而行之，以为言之而不必闻，以为

---

① 葛荣晋主编：《中国实学思想史》导论，北京：首都师范大学出版社，1994年，第4页。

行之而不必成，若裸裎而谈章甫，乘橇而称高车也。君子
之为道，求其可久，久求其可著而已。言不本于《诗》
《书》，行不求于仁义，苟且晨夕，以取荣利，迨其败坏，
名灭而不可缀，恶播而不可掩，乃悔其见闻，诛其诈谬，
则已晚矣。①

事实上，《集传》的诠释已经将《缁衣》原经文进行实学化
处理，明确提出道必须落到实处，必须有具体的作用与呈现，
否则就像光着膀子说穿着华丽衣裳、骑着泥橇说坐着高车，会
陷入空谈。所以君子坚持求道，所求是一种实在的道，因为只
有实在的道才能够永恒持久。那么这个"实"既是道体本身的
特点，也贯穿了形而下的器物层面，包括形体与名望。所以黄
道周认为如果所求之道脱离实际而汲汲于利禄，那么中心不正，
声名必败。黄道周在《缁衣》的诠释过程中，确立了道体求实
的思想，认为只有道体实在，其用才能中正不偏，这样的诠释
实际上是将《缁衣》经文进行实学化处理。

第二方面，《缁衣集传》全文都体现着浓厚的经世致用诉
求。我们以"成教章"为例，该章的《缁衣》原经文主要讲治
道以政教为主，不宜滥用刑罚或轻用爵赏。但是在《缁衣集传》
的诠释内容中，有着鲜明的经世色彩，包括轻视巫术、注重农

---

① 黄道周：《缁衣集传》，影印文渊阁《四库全书》第 122 册，第 1100
页。

商等。黄道周说"政教者，非刑赏之谓也。政教失而求之刑赏，犹风雨失而求之雩祀也。其雩祀愈烦，而风雨愈失。风雨失而雩祀烦，则农商绌，而巫觋坐贵也"①，将政教与刑赏的关系比作风雨与雩祀。风雨是古代农事所必需的自然条件，雩祀则是祈求风雨的祭祀活动，那么我们可以发现，风雨才是农事所真正需求的，而不是雩祀。在明末时期的科学思潮中，黄道周已经明确意识到雩祀的实质不过是一种祭祀，亦即迷信的巫术，因而指出国家举行雩祀再多，对风雨的降临也没有任何帮助。这一点可以说是受到当时科学思想的影响。

风雨与雩祀的比喻，原本只是针对农事而言，但黄道周在批判巫觋的同时，却并提农与商，可以看出他对商业是持肯定态度的。在明末清初时期，进步思想家纷纷反对传统的重农抑商的观念，开始重视工商的社会地位。到清初黄宗羲就明确提出"世儒不察，以工商为末，妄议抑之。夫工固圣王之所欲来，商又使其愿出于途者，盖皆本也"②，即认为工商皆本；唐甄也指出"为政之道，必先田市……农不安田，贾不安市，其国必贫"③，认为商贾与农事并重，都是立国兴邦之本。所以黄道周同时肯定农商的社会地位，具有深刻的实学思想特征，透露出

---

① 黄道周：《缁衣集传》，影印文渊阁《四库全书》第 122 册，第 1059 页。

② 黄宗羲：《财计》，《明夷待访录》，何朝晖点校，南京：凤凰出版社，2017 年，第 47 页。

③ 唐甄：《善施》，《潜书》上篇，吴泽民编校，北京：中华书局，1963 年，第 83 页。

经世致用的强烈诉求。

第三方面，《缁衣集传》虽不是科技方面的著作，但是黄道周作为一位注重科学实测的思想家，在解经过程中也运用科学知识，辅助《缁衣》义理思想的诠释。我们以"民表章"为例。该章主要观点是"上之所好恶，不可不慎也，是民之表也"，黄道周却抓住"表"之一涵，以圭表的科学常识展开论述：

> 君者，日也。日南而物与俱南，日北而物与俱北。表之有晷，日之所为教也。君子者观表以正其阴阳，测晷以知其南北，因而裁成辅相之，使民行有所之，息有所归。故君子，日晷之衡准也。①

《缁衣》原经文的"表"义仅仅是指榜样，黄道周却追溯到圭表的义项，认为君主的好恶如同圭表一般，由太阳照射在圭表上而产生的日影（即"晷"），就是君主用以教化民众的标准。实际上，这是间接论证了《缁衣》原经文中所说的"上之所好恶，是民之表"。而君子又是圭表上的衡准，用以测量圭表上的晷影，实即为君主的好恶是否符合善的规范作出定性。这就将原本只是单一的一个"圭表"进行分割，君主只管教化的职责，君子则管评判君主教化的成效，也就是将教化者与教化

---

① 黄道周：《缁衣集传》，影印文渊阁《四库全书》第122册，第1025页。

的评判者分开，由此防止君主独裁。如此，在某种意义上，也体现了儒家与政治之间具有若即若离的关系，亦即儒家并不是完全代表政治的意志，而是时刻关注政治，并且对政治的效果作出评判。应该说，这样的思想在晚明时期是较为进步的，体现了限制王权的政治主张。

但是如此思想，又非用科学知识进行辅助诠释而不可，因为《缁衣》原经文单单出现一个"表"字，即设定了君主就是绝对的榜样，那么如何在不破坏原经文的前提下，将限制王权的思想确立下来？只有将"表"解释成为科学仪器上的圭表，从而分裂开圭表上的晷影与衡准刻度，达到分开君主职权的目的。所以用科学知识进行诠释的方法，可谓巧妙。这与黄道周本身作为一名天文学家，以及其自身注重科学实测的思维特点是息息相关的。

总而言之，黄道周《缁衣集传》虽然是《礼记·缁衣》研究史上唯一单篇别行的诠释著作，但是由于出现在晚明时期，不可避免地带有较为浓厚的时代特色与黄道周个人的治学风格。黄道周身上的多重学者身份，包括易学家、理学家、实学家等，为《缁衣集传》的诠释添上了诸多不同的学术色彩。从解释学的角度上看，这正是不可避免的"前见"；从黄道周本人的诠释目的的角度看，却又是为了回归"六经"、直接周孔，具有追寻文本原意的努力。

第三章

理学视野下的好恶定性

一、从《缁衣》的"好恶"主旨谈起

好恶问题是《礼记·缁衣》通篇义理思想的一个基点。历代注家一般都点明《缁衣》的宗旨，在于好贤、好善，例如郑玄指出"名曰'缁衣'者，善其好贤者厚也"①，朱熹也认为"《缁衣》兼恶恶，独以'缁衣'名篇者，以见圣人有心于劝善，无心于惩恶也"②。而作为古代唯一一部单篇别行的《缁衣》诠释著作，《缁衣集传》对《缁衣》主旨思想的概括，大致不出以往诠释家的基调。黄道周在《缁衣集传》开篇也指出"《缁衣》言好善也"③，这一点可以说是继承以往的阐释。但是以往注家并未深入探讨人的"好恶"根源，那么人的"好恶"

---

① 阮元校刻：《十三经注疏》，第 3575 页。
② 卫湜：《礼记集说》，影印文渊阁《四库全书》第 120 册，第 431 页。
③ 黄道周：《缁衣集传》，影印文渊阁《四库全书》第 122 册，第 1014 页。

是属于人性，抑或情感，抑或发动于心，抑或是西方哲学中的理性，或者自由意志？是基于先天固有，还是后天所得？

关于《缁衣》中"好恶"属性的这一问题，在黄道周《缁衣集传》中已经得到较为完满的解释。这是以往对《礼记·缁衣》篇的注解本无法比拟的，也是《缁衣集传》作为单篇别行的独立诠释著作的应有之义。黄道周认为人的"好恶"是一种先天的人性本能。"好善恶恶，民之性也"①，他将人的"好恶"安置于人性，实际上是为"好恶"找到了根源，人的"好恶"问题就可以直接转化为人性问题来讨论。

将"好恶"安置于人性，"好恶"就有了人性的一切特点，即人的好恶本能是先天的，是纯善的。《缁衣集传》说"人性本善，理义悦心，见贤者而好之，见不肖而恶之，虽奸宄盗贼，其性一也"②，意思是人性是至善的，那么见到贤人便出于本能地喜好，见到恶人便出于本能地厌恶；并且不仅是仁人君子是如此，连奸人盗贼也有好恶的本能。

在这里，"好"（喜好）和"恶"（厌恶）可能是一种情感，"好善恶恶"却是人的一种本能，是人的一种特质，它是属于人性的，而不是情感。或者说，"好"（喜好）和"恶"（厌恶）本身是说不上至善的，因为可能所好所恶的对象是善或恶，那

---

① 黄道周：《缁衣集传》，影印文渊阁《四库全书》第 122 册，第 1014页。

② 黄道周：《缁衣集传》，影印文渊阁《四库全书》第 122 册，第 1117页。

么其善恶的价值判断就被所好者、所恶者所规定；"好善恶恶"这种本能却是至善的，不仅在于其所好者是善、所恶者是恶所以是善的，更在于此好恶的善恶判断能力本身是正确的，与天理相合，是天性的自然呈现，所以是至善的。在整本《缁衣集传》所讨论的"好恶"，实际上就是"好善恶恶"的本能，而不是"好"（喜好）或"恶"（厌恶）本身，因为只有"好善恶恶"这种本能才有至善性可言。

像宋明理学家追溯人性至善的来由一样，《缁衣集传》也讨论了人之"好恶"至善的来由。其论证过程不仅是"好恶"根源于人性，人性是至善的，所以"好恶"是至善的；《缁衣集传》更是将"好恶"直接放置于根源之天的层面进行演绎。《缁衣集传》说"好繇天作，恶繇地奋。天动而好善，故因善以饰乐；地静而流恶，故因恶以立礼"①，意思是人的"好恶"产生于天地的动静。人的"好恶"如何产生于天地的动静？《缁衣集传》借助《周易·大有卦》的大象辞更进一步阐释道：

"火在天上，大有；君子以遏恶扬善，顺天休命"，何谓也？曰：是法日之谓也。曰"虞帝之不法日"，何谓也？曰：隐恶扬善，天地之道也。然且举元除凶，不俟逾载，

---

①　黄道周：《缁衣集传》，影印文渊阁《四库全书》第122册，第1014页。

> 则是以日为道也。故陟明黜幽，鬼神所以从令也；喜阳恶
> 阴，万物所以著性也。①

大有卦火在天上，这是日象，是太阳普照万物。那么，如何理解大有卦"遏恶扬善"？黄道周在《易象正》中说得更详细，"大有之遏扬，譬之临照，是天道也"②，意思是在太阳照射之下，一切贤人不肖都十分明朗，无法隐匿，所以说"大明方中，邪匿不作"③。由日所照万物，由天所命万物，万物的本性就与天相仿，所以鬼神从令、万物著性实际上是从日（天）之令、著日（天）之性。于是万物有了日（天）的特点，也就是陟明黜幽和喜阳恶阴都是万物所禀受于天的本性，人的本性自然是包括其中。

可见，人性的"好善恶恶"来由，就是天性的陟明黜幽和喜阳恶阴。善是阳，恶是阴，这是传统中国哲学思想中的普遍认识。事实上，《缁衣集传》就是用人们的传统认识，即对善恶的阴阳定性，来论证先天人性中的"好善恶恶"。

在论证人的"好善恶恶"的至善性之后，我们反过来也应该看到：人的善恶判断有正误之分，所好者是善、所恶者是恶就属于正确，就是善的；所好者是恶、所恶者是善就属于谬误，

---

① 黄道周：《缁衣集传》，影印文渊阁《四库全书》第 122 册，第 1049 页。

② 黄道周：《易象正》，第 180 页。

③ 黄道周：《易象正》，第 181 页。

就是恶的。人世间的善恶判断出现正确与谬误的情况，亦即人的好恶行为具有善与恶的现象，我们就得讨论其根源所在。这个问题就是：人的"好恶"之所以存在恶的现象，其原因是什么？

从《缁衣集传》的诠释者黄道周的思想来看，他的人性论认为恶的来由是人性在后天被习气所破坏，在《缁衣集传》中对人的"好恶"之所以存在恶的现象其解释路数也与此相仿。[①]《缁衣集传》说："惟在堂陛之间，人人饰貌，则衡鉴难明；入于纷华之域，事事荡心，则爱憎易变。以易变之爱憎，投难明之衡鉴，故上听不清，下言愈乱，而《缁衣》《巷伯》之诗颠倒互诵也。"[②] 这里出现的"爱憎"当是属于情感，而"衡鉴"是衡器和镜子，就是鉴别的意思，属于理性判断力。所以我们可以说，在黄道周看来，爱憎情感与理性判断力都是属于人的后天机能，都是来源于人的先天的好恶本能；或者说，人的后天的情感与理性都是统一发端于先天的人性。

出于至善的人性中的好恶本能，为何却出现易变与难明的情况，也就是恶的现象？一方面，人的理性判断力之所以难明，是因为在朝廷之上，人人都在伪装自己，所以理性判断受到遮蔽；另一方面，人的爱憎情感易变，也就是可能出现恶的情况，

---

① 关于黄道周的人性论思想，可参见蔡杰、翟奎凤《黄道周对孟子性善论的坚守与诠释》[《集美大学学报（哲社版）》2017年第2期]。

② 黄道周：《缁衣集传》，影印文渊阁《四库全书》第122册，第1117页。

是因为在纷华的人世间，被世事所左右迁移，所以"好恶一迁而情伪千出矣"①。也就是说，在现实当中，人的"好恶"之所以存在恶的现象，是人处于朝廷之上、俗世之间受到的污染。因而将《缁衣》与《巷伯》之诗颠倒互诵，《缁衣》言善，《巷伯》言恶，人的本性受到后天的污染破坏之后，就会变成"好恶恶善"，就是与"好善恶恶"完全颠倒。这实际上是为人世间的"恶"安排一个合理的来由。

二、"好恶"归于性的一派

好恶问题虽然是《礼记·缁衣》篇的主旨性问题，如将好恶问题放置在整个宋明理学视野中，又会有怎样的阐发呢？宋明理学中的心性论常有情、性二分或者心、性、情三分的习惯。《缁衣集传》将人之"好恶"归于性，其实只是其中一种；历史上也有一些思想家将"好恶"归于情，也有一些归于心。

将人之"好恶"归于性，最早可以追溯到郭店楚简《性自命出》"好恶，性也。所好所恶，物也"②，由于《性自命出》总体所展现的人性思想并非性善论，所以不曾将人之"好恶"收束为至善的"好善恶恶"，也就是说不仅好善恶恶，连好恶恶善也是属于人性的。这里"好恶"的范畴就包括了好善恶恶与

---

① 黄道周：《缁衣集传》，影印文渊阁《四库全书》第122册，第1019页。

② 李零：《郭店楚简校读记》，北京：中国人民大学出版社，2007年，第136页。

好恶恶善，不特指好善恶恶，这一点与《缁衣》的好恶说有一定出入。有意思的是，《性自命出》并非在区分性和情，而是区分性与物，亦即在讨论有关好恶问题中主体与客体的关系。好恶是归于主体自身的一种属性（性），主体的好恶所发则指向一定的客体对象（物），即所好者、所恶者。《性自命出》可以说是代表了早期儒家关于好恶问题的探讨。

朱熹则明确提出"好恶是情，好善恶恶是性"①，好善恶恶更接近于一种超验的人性本能，好恶则是从经验角度去观察定义的情感。也就是说，朱熹的"好恶"一样是包括了具有好善恶恶与好恶恶善的两种可能性，能发动产生此两种可能性的原因就是好恶这种情感；其中的好善恶恶，虽然也是属于好恶情感的一种可能性，但是只有好善恶恶这种可能性是符合于先天的人性本能，或者说本身就是属于人性本能。

朱熹这一说法在他批评胡宏观点的时候，论述得更为详致。他说："郭子和性论，与五峰相类。其言曰'目视耳听，性也'，此语非也。视明而听聪，乃性也。箕子分明说'视曰明，听曰聪'，若以视听为性，与僧家'作用是性'何异？五峰曰'好恶，性也。君子好恶以道，小人好恶以欲。君子小人者，天理人欲而已矣'，亦不是。盖好善恶恶，乃性也。"② 这里其实还有一些孟告之辨的意思。郭立之（子和）将人的生理机能

---

① 黎靖德编：《朱子语类》卷第十三，王星贤点校，北京：中华书局，1986年，第230页。

② 黎靖德编：《朱子语类》卷第一百零一，第2579页。

（视听）视为性，胡宏也将属于人的生理机能的好恶视为性，这实际上是自然之性，就像告子的"食色，性也"。但是朱熹反对以自然论性，他认为眼睛具有看的功能不是性，眼睛应当能看明才是性；耳朵具有能听的功能不是性，耳朵应当能听清才是性。同样的道理，人具有好恶的功能不是性，人应当能够好善恶恶才是性，这实际上是应然之性。这一点是直接继承了孟子的论证方式。

所以胡宏对"好恶"的定性，以朱熹的理论看来就不是性，而是属于情。那么在朱熹的理论当中，人之"好恶"存在恶的现象，其来由是什么？关于这一点，其实朱熹是很容易就能为恶的现象找到来由的，因为既认为人的"好恶是情"，恶就可以来自情。不过朱熹用的是心的概念，他说"好善恶恶，人之性然也，而有拂人之性者何哉？曰：不仁之人，阿党媚疾，陷溺其心，是以其所好恶戾于常性"①，意思是后天环境对心产生干扰，从而导致了心对性的干扰。

我们可以通过比较黄道周与朱熹关于好恶问题的说法，发现二者的不同。朱熹认为好善恶恶是性，那么我们应该看到好善恶恶本身可以说是善的，好善恶恶就类似于朱熹预设的人性中的"天地之性"，是至善的。而朱熹在人性中除了"天地之性"，还预设了"气质之性"，那么在好恶问题中"气质之性"将无处安放。因为好恶包括好善恶恶与好恶恶善两种，一种是

---

① 卫湜：《礼记集说》，影印文渊阁《四库全书》第120册，第658页。

52

善的，一种是恶的。如果好善恶恶属于"天地之性"，是至善的；而包括好善恶恶与好恶恶善的好恶属于"气质之性"，是有善有恶的，那么就讲得通。但是朱熹又说好恶是情，并不是性，也不是"气质之性"。于是朱熹对好恶问题的解释，在其心性论内部就产生了矛盾。

性与情已是二分，性中"天地之性"与"气质之性"又是二分，难免过于支离。这也是黄道周坚决反对"气质之性"这一说法的原因。相形之下，黄道周对好恶问题的解释可能会显得完善一些。他将人的好恶视为性，是至善的，是掺杂不得一丝气质的。这里的"好恶"其实单就先天本能而言，即好善恶恶，因为出现好恶恶善的现象是后天行为。黄道周将后天出现的好善恶恶与好恶恶善两种现象，称为人的爱憎，也就是视为情，即属于气质的层面。我们用简单模型画出，如下：

黄道周：好恶（好善恶恶）→性→性理；爱憎（好善恶恶+好恶恶善）→情→气质

朱熹：好善恶恶→性（天地之性）；好恶（好善恶恶+好恶恶善）→情

↘气质之性

可以看出，朱熹对"好恶"的定性，出现了"情"与"气质之性"的矛盾。所以同样在将"好恶（好善恶恶）"视为性的一派当中，黄道周对好恶问题的解释是相对完善的。当然，从总体框架上看，二者均属于将"好恶"归于性的一派。

三、"好恶"归于心的一派

对人之"好恶"的定性，在宋明理学史上，还有一派归属于心。这一说法也一样可以追溯到孟子，也一样借助了孟子的论证方法。他们利用的孟子的"四心说"，黄榦说道："孟子曰'羞恶之心，人皆有之；是非之心，人皆有之'，诚能自其好善恶恶之本心，广而充之，则骎骎乎君子之途矣。"① 黄榦虽出自朱子门下，但在心性的说法上其实与朱子稍微有一点差别。黄榦一方面也说"性即理也"②，但是他同时又突出强调了"盖心者，万化之根本"③，比于朱子，是提高了心的地位，所以黄榦甚至认为"心便是性，性便是心"④。这一说法恐怕是朱子所不肯赞同的。那么我们反过来看，这里出现的好善恶恶的"本心"，实际上与朱熹的好善恶恶之"性"指的是一个东西，只是在黄榦的思想中，此本心与性没有十分严格的分别了，或者说他更愿意照着孟子的原话讲。关于这一点，牟宗三也做过一些说明，他讲道："在孟子这个地方，'性'是个虚位字，它的具体意义都从'心'这里见。心不是抽象的心，'恻隐之心''羞恶之心''恭敬之心''是非之心'，这就是心。这个'心'就

---

① 黄榦：《勉斋集》卷第二十四，元刻延祐二年重修本。
② 黄榦：《勉斋集》卷第二十五。
③ 黄榦：《勉斋集》卷第二十四。
④ 黄榦：《勉斋集》卷第十一。

是纯粹是理性的。没有一点感性的夹杂，所以它才能建立
道德。"①

可以看出，其实无论是黄榦还是牟宗三，都在努力调和孟
子思想中的"性"和"心"。王阳明则在"心"这一条路上走
得更远。王阳明也承认"心之本体则性也"②，但他对"性"并
没有多少探索的欲望，其学说的用力点全在于这个"心"上。
所以他将人之"好恶"归于心，他借助孟子的概念说道："良知
只是个是非之心，是非只是个好恶，只好恶就尽了是非，只是
非就尽了万事万变。"③ 这里的良知、是非之心、好恶之心都是
处于同一个层面的。

良知至善，那么是非之心、好恶之心自然也无不善。但是作
为本体的"心"是需要不断做工夫才能达到的，而同时作为身之
主宰的"心"，又如何指导实践主体做工夫去达到本体之"心"
呢？这里就陷入一个困境，即"心"指导实践主体的行为达到
"心"。于是王阳明不得不另外发掘出一个可以代替前者"心"的
"意"，从而保持后者"心"的本体至善性。他说道："为学工夫
有浅深。初时若不着实用意去好善恶恶，如何能为善去恶。"④ 用
意即在于以"意"指导实践主体的行为达到良知之"心"。

----

① 牟宗三：《〈孟子〉演讲录》第六讲，卢雪崑整理，《鹅湖月刊》2004
年第 5 期。
② 王阳明：《大学问》，《王文成公全书》，第 1117 页。
③ 王阳明：《传习录》，《王文成公全书》，第 137 页。
④ 王阳明：《传习录》，《王文成公全书》，第 43 页。

但是王阳明这句话，又分明将"好善恶恶"当成手段，将"为善去恶"当成目的。按理说，应是着意去"为善去恶"（手段）而达到"好善恶恶"之本心（目的）；亦即在阳明四句教中，"知善知恶是良知，为善去恶是格物"，通过格物的手段达到良知的目的。这里就出现了一个完全相反的设置，即在其工夫论中目的与手段的混乱。所以在阳明的理论框架内，如果将"好善恶恶"归于心，可能是会出现矛盾的。

于是王阳明通过将"意"与"心"的融合，以及将"好善恶恶"排除于心之外，来修补自身理论可能出现的漏洞。他说："不知心之本体原无一物，一向着意去好善恶恶，便又多了这分意思，便不是廓然大公。《书》所谓无有作好作恶，方是本体。所以说'有所忿懥好乐，则不得其正'。"① 这里则提出本体之心没有好恶，就将人之"好善恶恶"排除在心之外了。

既然"好善恶恶"不属于心，那么是属于意吗？即陆澄问："'如好好色，如恶恶臭'，安得非意？"王阳明回答："却是诚意，不是私意。诚意只是循天理。虽是循天理，亦着不得一分意，故有所忿懥好乐，则不得其正，须是廓然大公，方是心之本体。"② 在这里，王阳明既说人之好恶是诚意，又说亦着不得一分意，也就是说既是意，又不是意；而当能廓然大公时，好像又是本体之心。这样的说法比较模糊，

① 王阳明：《传习录》，《王文成公全书》，第43页。
② 王阳明：《传习录》，《王文成公全书》，第37页。

始终无法安置"好善恶恶"的属性。

心学一脉传至刘宗周，对好恶问题有了相对完善的解释。在刘宗周的思想中，"意"是居于本体地位的，这一点在20世纪已有不少人讨论过。[①] 所以刘宗周对人之"好恶"的定性，不再是在"心"与"意"间摇摆不定，而是认为"'好善恶恶者意之动，'此诚意章本文语也。如以善恶属意，则好之恶之者谁乎？如云心去好之，心去恶之，则又与无善无恶之旨相戾。今据本文，果好恶是意，则意以所存言，而不专以所发言，明矣"[②]，十分明确地提出了好恶属于意，而不属于心，否则就与"无善无恶心之体"相违背，因为无善无恶的心体自然不会好善恶恶。

将人之"好恶"归于意，大体仍可算是心学一派，只是刘宗周沿着王阳明的"心"的路子越走越远。尽管刘宗周与黄道周是同时代并称"二周"的大儒，并且刘宗周也能够对好恶问题作出相对圆融的解释，不过刘宗周偏离中国传统哲学的核心概念可能比较远，而黄道周则始终坚守着孟子的性善论。

对人之"好恶"的定性，除了主流的性与心，还有少数人认为归于情，并且多少与阳明学说有些关系。譬如明代沈佳胤认为"好善恶恶，情也；去善从恶，习气也；改恶迁善，工夫

---

① 例如：杨国荣《晚明王学演变的一个环节——论刘宗周对"意"的考察》(《浙江学刊》1988年第4期)，张学智《论刘宗周的"意"》(《哲学研究》1993年第9期)。

② 刘宗周：《答史子复》，《刘宗周全集》第5册，吴光主编，杭州：浙江古籍出版社，2012年，第336页。

也"①，用的是阳明的概念，却与阳明的学说大不相同了。再如清代罗泽南认为"好恶，情也；好善恶恶，情之正也。《大学》'诚意'而后，又有'正心'一段工夫者，盖人过得诚意一关，所好所恶已皆准之天理，特恐忿懥、好乐、恐惧、忧患之情一有之而不察，事前将迎，事后凝滞，此心不能廓然而大公。物来而顺应，意虽已诚，心犹不可谓之正。诚意，诚此好恶也；正心，即正此好恶也。岂有诚意遂着意好善恶恶，正心遂不着意好善恶恶乎？"② 这里体现了对阳明学说的反拨。今天我们一般将好恶当成人的一种情感，但实际上古人是比较少这么认为的。

四、西方哲学对好恶问题的多维解释

宋明理学如此解释人之"好恶"，而西方哲学又是如何看待好恶问题呢？在西方哲学中，没有性、情二分或心、性、情三分，主要是区分理性和感性。从古希腊时期开始，西方哲学就十分推崇理性，理性也可以说是整个西方哲学的一个核心概念。而人的好善恶恶、辨别是非的能力来源于理性，这是整个西方哲学的基调。其实人之"好恶"总有理性的成分，也包含着感性的因素，但西方哲学一向拒斥感性，宁愿将"好恶"视为一种理性能力。这里的"好恶"其实就是指好善恶恶的道德判断，就像王阳明讲的"是非只是个好恶"。所以笔者并非旨在纠正西

---

① 沈佳胤：《翰海》卷六，明末徐含灵刻本。
② 罗泽南：《姚江学辨》卷二，清咸丰九年刻罗忠节公遗集本。

方哲学应将"好恶"归于理性，还是应当归于感性，而是期望借助西方哲学以其理性智慧对好恶问题的多维解释，更好地把握中国哲学对人之"好恶"的看法。

理性作为人的一种辨别善恶是非的能力，在亚里士多德看来，当理性与实践主体的行为相结合时也就成为德性。所以人的理性中好善恶恶的彰显，就需要从德性的层面去考量。但是理性是人作为人所固有的特质，德性却不是先天本有的，是后天所得的。亚里士多德强调了德性不是向外在获取而移植到我们之中，也就是说德性是具有内在可能性的。虽然是内在的，却只是一种可能性，只是一种潜在的倾向而已。如果我们在后天对这一可能性置之不理，它并不会自然生长，也就是没有任何意义的。

所以亚里士多德说："没有一种伦理德性是自然生成的，因为，没有一种自然存在的东西能够改变习性。……我们的德性既非出于本性而生成，也非反乎本性而生成，而是自然地接受了它们，通过习惯而达到完满。"[①] 这里的"习性"可以理解为先天本性，类似于告子说的"食色，性也"的自然之性。德性却是"先以潜能的形式把它随身携带，然后以现实活动的方式把它展示出来"[②]，我们实在不好拿这里的所谓"潜能的形式"与孟子的"善端"做比较，因为亚里士多德并不看重这一"潜

---

① ［古希腊］亚里士多德：《尼各马科伦理学》，第25页。
② ［古希腊］亚里士多德：《尼各马科伦理学》，第25-26页。

能的形式"，他所反复强调的是现实活动的重要性。基于这一
点，如果从先天与后天的角度上进行区分，我们宁愿将德性认
为是后天的，因为它的一切意义都在于后天。这就是亚里士多
德对待德性的得到时，相比于"获得"，而更喜欢用"培养"这
一词的原因。

　　好善恶恶、辨别是非的能力，自然也需要在后天培养。因
为先天的东西在亚里士多德的思想中，没有地位或者说地位明
显不足。这是与宋明理学家对人的先天之性的看重，所十分不
同的地方。相比而言，中国传统的思想家对人抱有更大的信心，
从而对民性、人民、政治是充满理想主义的希望的。

　　文艺复兴以来，康德无疑是具有里程碑意义的人物。在他
的哲学体系中，对好恶问题的讨论并非重要内容，不过也有了
新的解释。人的好善恶恶、辨别是非的能力是一种合乎理性的、
普遍的、无条件的绝对命令，这一绝对命令来自善良意志的自
律。这里出现的"意志"并不是意志主义者像叔本华、尼采讲
的那种作为世界本体和万物根源的、主观精神性的意志，而是
"一个只有准则的单纯立法形式能够用作其法则的意志"①，所以
这种自由意志显然是理性的。因为康德实际上是十分拒斥感性的，
认为这种自由可以独立于感性之外，他说道："在实践的理解中的
自由就是任意性对于由感性冲动而来的强迫的独立性。……人的

---

　　① ［德］康德：《实践理性批判》，韩水法译，北京：商务印书馆，1999
年，第29页。

任意虽然是一种感性的任意，但不是动物性的，而是自由的，因为感性并不使它的行动成为必然的，相反，人身上具有一种独立于感性冲动的强迫而自行规定自己的能力。"① 也就是说，实践包括好善恶恶的行为发动于自由意志，而且是必然的行为。这是一种普遍的道德律，是理性为自身立法。

那么，这种好善恶恶所发端的自由意志就是先天的，是"一种不须一切经验的动因、一种完全由先天原则来决定，被称之为纯粹意志的意志"②。在康德的学说里，这种由先天原则决定的自由意志，却是我们无法像在中国哲学中追溯人性的来源那样，去探讨自由意志的来源或性质。而且康德自身也说了这一点，关于自由意志，我们可以通过理性去知道它，"当我们意识到某种东西即使不像在经验里面那样呈现出来我们也能够知道它时，我们才说，我们通过理性认识了它；因此，理性的知识和先天的知识是一样的"③；我们却无法思辨、推导、论证它，也就是康德说的"不要跳过自然的原因和放弃经验可能教给我们的东西，而去把我们所知道的东西从完全超出我们的一切知识之上的东西中推导出来"④。理性之外的东西无法把握，近似于超验的，那么只能给这一些全善、全知、全能的"上帝"以

---

① ［德］康德：《纯粹理性批判》，邓晓芒译，北京：人民出版社，2004年，第434页。

② ［德］康德：《道德形而上学原理》，苗力田译，上海：上海人民出版社，2002年，第5页。

③ ［德］康德：《实践理性批判》，第10页。

④ ［德］康德：《纯粹理性批判》，第608页。

及"灵魂"、信仰腾出位置，于是等于就恢复了宗教。

宋明理学家所认为的好善恶恶是先天的人性本能，这一点与康德对自由意志的设置有一定的相似性，因为二者都是先天的一种自发的能动力量，都是纯粹至善的。但是中国的思想家对人性的来由，一般认为"天命之谓性"或者"性自命出，命由天降"，也就是来源于天。在这样的思维与论证方式下，传统儒家才没有发展出关于像"上帝"的人格神的宗教，而是只走向讲求以人合天的进路。

总而言之，黄道周在《缁衣集传》中对好恶问题有相对完善的阐释，认为人之"好恶"属于先天的人性能力。这一解释源于黄道周自身十分完备的性善一元论，是其人性论的一部分。而通过对比于同样将人之"好恶"归于人性的一派，譬如朱熹在自身的心性论框架中即出现了矛盾的地方；对比于将人之"好恶"归于心的一派，譬如王阳明在其整个理论概念中出现了模糊混乱的地方。由此，可以看到黄道周对好恶问题的解释具有相对突出的贡献。而通过探讨传统西方哲学的代表人物亚里士多德与康德对好恶问题的多维解释，看到西方哲学在理性与感性、内在与外在、先天与后天等哲学思辨上是十分精彩的，也由此加深了我们对黄道周乃至整个儒家对待好恶问题的认识与把握。

第四章

从好恶之难到君子小人之辨

关于君子小人之辨的讨论，在中国思想史上，从先秦至近代绵延不绝。历代儒者通过对理想君子形象的塑造，寄托自己的思想诉求与理论建构。从《论语》开始，义利之辨无疑是区分君子和小人的一个核心标准，孔子讲"君子喻于义，小人喻于利"（《论语·里仁》），明确以义利之分为君子和小人定性。到了孟子更将义利的对立关系尖锐化，他讲道"王何必曰利？亦有仁义而已矣"（《孟子·梁惠王上》）。在宋明理学中，新儒家更是对义利之辨乃至君子小人之辨赋予了新的诠释。黄道周在《缁衣集传》中较为集中地讨论了君子小人之辨，主要是从义利之辨、理欲之辨、公私之辨、名实之辨四个方面展开。

《缁衣集传》讨论君子小人之辨，集中分布在谈论理欲之辨的"好正章"、谈论义利之辨的"坚著章"、谈论公私之辨的"德惠章"、谈论名实之辨的"声成章"四章。关于君子小人之辨的这四个论题，虽然可以视为四个维度，但实际上彼此之间关联紧密。其中核心论题是义利之辨，而理欲之辨是义利之辨的根源，公私之辨则是义利之辨在政治与社会层面的体现，名实之辨则是义利之辨在生活与言行方面的展现。在总体上，四个论题又是紧紧围绕着《缁衣》的宗旨"好恶"而展开的。

一、义利之辨

"坚著章"的原《缁衣》经文是"轻绝贫贱而重绝富贵，则好贤不坚而恶恶不著也。人虽曰不利，吾不信也。《诗》云：'朋友攸摄，摄以威仪。'"① 大意是轻易与贫贱的朋友绝交，难以与富贵的朋友绝交，那就是好贤恶恶的态度够坚定了；即便有人说并非为利，我也不相信。② 这里就出现了好几对错综复杂的概念，贫与富、贵与贱、贤与恶、义与利等。

黄道周在《缁衣集传》中解释说："人皆恶贫贱，而贤富贵。富贵自谓贤，贫贱自谓恶，众因而贤之恶之，不谓之富富而贫贫、贵贵而贱贱，则共以为恶恶而贤贤、好好而恶恶也。"③ 黄道周首先指出了十分现实、十分世俗的一点，即人们习惯性地将富贵的人当做贤人，将贫贱的人当做恶人。为什么出现这种情况呢？原因在于富贵的人有资格自称是贤者，贫贱的人则

---

① 黄道周：《缁衣集传》，影印文渊阁《四库全书》第 122 册，第 1093 页。
② 杨天宇：《礼记译注》，第 742-743 页。
③ 黄道周：《缁衣集传》，影印文渊阁《四库全书》第 122 册，第 1093 页。

只能是恶。于是众人也跟着将富贵视为贤，将贫贱视为恶。从而最终导致人们不再分辨细察富与贫、贵与贱的实质，而是只关注世俗看法中的贤与恶。如此一来，众人自身的"好恶"就出现了错判。

这里实际上有代表着世俗看法的两组对应关系，即"富贵—贤"和"贫贱—恶"。所有人的本性都是好善恶恶的，于是众人通过自身"好恶"的善恶判断，就等于是喜欢富贵的人、厌恶贫贱的人。这就是《缁衣》原文中讲的"轻绝贫贱而重绝富贵"的原因。其实这里黄道周对《缁衣》原文的诠释不一定是孔子的原意，因为在黄道周的思想中，就是普通大众自身认为与贫贱的人绝交等于是与"恶人"绝交，与富贵的人绝交等于是与"贤人"绝交——这里的"恶人"不是真的恶人，这里的"贤人"也不是真的贤人，只是因为普通大众的"好恶"受到了世俗看法的蒙蔽，从而导致错判。实际上，黄道周是在为他自己的"好恶"观点做辩护，即好善恶恶属于纯善的人性。那么，出现这样的错判，接下来黄道周的工作自然是要正本清源了。

贤为君子，恶为小人，这一点应该没有问题。那么在黄道周的思想中，正确的两组对应关系应是"富贵—小人"和"贫贱—君子"。这是与世俗看法完全相反的，理由是黄道周认为"小人近利，故多富贵；君子远利，故多贫贱"[1]，"凡天下荣利

---

[1]　黄道周：《缁衣集传》，影印文渊阁《四库全书》第122册，第1093页。

不能两归。富贵在于小人，则贫贱必在君子。小人之十九得富贵，则君子之十九得贫贱"①。这里的君子小人之辨，就引入了义利之辨。为什么小人大部分是富贵的？原因是小人好利，这是传统儒家教条式的定义，即"君子喻于义，小人喻于利"。小人好利，所以能富贵，而君子为什么没有富贵？黄道周给的理由是荣与利往往不可兼得，君子得到了作为"君子"的荣誉，其实就是义，这与利是有一定的对立性的，所以君子大部分是贫贱的。于是，黄道周思想中的两组对应关系，可以概括为"小人—利禄—富贵"和"君子—礼义—贫贱"。

我们反过来看世俗大众的观点，世人以富贵为贤、以贫贱为恶，等于是将富贵的小人视为贤，将贫贱的君子视为恶。这自然是很不合理的。事实中出现的喜欢小人、厌恶君子，与人性中本应该的好贤恶恶（喜欢君子、厌恶小人）完全相反，也就是"事实"与"应该"不一致。这就能够解释《缁衣》原文中的"好贤不坚而恶恶不著"了，也就是好恶之难。黄道周在他的其他著作中也反复论述义利与"好恶"的关系，《洪范明义》有一段"好恶者，仁人之大用。作好作恶者，小人之私情。……人则有私，有私好而后作好，有私恶而后作恶，作好作恶而偏陂横生，皇途废塞矣。凡好恶偏陂，皆生于利，不生于义也。利之所在，众曹好之，虽共鲧而谓之好；利所不在，

---

① 黄道周：《缁衣集传》，影印文渊阁《四库全书》第122册，第1093页。

众共恶之，虽夷鲦而谓之丑"①，意思是人有私情，当人性中的"好恶"发用时，私情就会影响"好恶"，从而出现偏陂，而这偏陂实际上就与"利"有直接关系。所以普通大众的"好恶"出现"事实"与"应该"的矛盾，就是因为受到私情好利的干扰。

我们也能看到，在义利之辨的讨论中，黄道周更倾向于讨论"利"的利害关系，也就是近利或者远利，而不太关涉"义"的义理内涵。这一点极有可能与黄道周以及他那个时代的实学思潮相关。

论述至此，黄道周就开始展露他的目的，即劝谏君主。他运用了《周易·遁卦》大象辞"君子以远小人，不恶而严"，并提出实际上"非远小人也，以远利也"②，为何竟故意解释与《周易》原文有出入？黄道周认为遁卦大象传那句话本质上是在讲"远利"，因为"远利"要比"远小人"更为根本，"远利"然后自然远富贵，远富贵然后自然远小人。这一观点可以从两方面去理解，一方面是做到"远利"，其自身就是君子的一种行为，只有君子才远利，而小人是近利；另一方面，"远利"就是克制自己好利的私情，从而彰显本性中的好善恶恶。两个方面，一外一内，相为照应。所以黄道周劝谏君王做到"远利"，如此才能远小人、进贤人，才是好善恶恶之本性的开显，也就是本

---

① 黄道周：《洪范明义》，影印文渊阁《四库全书》第64册，第819页。
② 黄道周：《缁衣集传》，影印文渊阁《四库全书》第122册，第1093页。

章章名的好恶坚著。

其实在这一章义利之辨中，黄道周已经提及好利是人的一种私情欲望，但是好贤恶恶是人性的一种本能。所以从本质上讲，义利之辨就是性与情的冲突，也就是说理欲之辨。

二、理欲之辨

"好正章"的原《缁衣》经文是"唯君子能好其正，小人毒其正。故君子之朋友有乡，其恶有方。是故迩者不惑，而远者不疑也。《诗》云：'君子好仇。'"大意是只有君子能喜好指正自己的人，小人则是厌恶指正自己的人，所以君子交友有方，厌恶人也有方，因而无论离君子近还是远，都不会让人感到疑惑。① 其中"有方"的是有道、得当、合理的意思。这一则语录主要谈到了两个方面，一个是"正"，一个是君子好恶有方。本章节主要对后者进行展开。

所谓君子交友有方，厌恶人也有方，实质就是君子的好恶有方。而当我们说"君子的好恶有方"时，实际上已经有了一个预设，就是君子是有好恶的。假设君子去除好恶，就不会受到私情的干扰，这岂不是更好？但是人之"好恶"是具有合理性的，而且人性中的好善恶恶本是至善的，是不应该去除的。于是黄道周需要论证君子好恶的合理性，《缁衣集传》写道："君子而无好恶，则无以别邪正、肃纪纲、整风俗；一有好恶，

---

① 杨天宇：《礼记译注》，第742页。

则朋党之论随之矣，故谓君子无朋，此人道所必无之事；谓君子无恶，此圣人所难居之理也。"① 这里的"而"是如果的意思，具有做出假设的作用，假设君子没有好恶，就无法通过好善恶恶的判断，去分辨正邪、整肃纲纪和风俗。从知与行的角度看，分辨正邪属于知善，整肃纲纪和风俗属于行善，也可以理解为政治社会层面上的正义行为，那么正义何以可能？就应该往行善与知善的更深层次去挖掘，即人性中的好善恶恶的本能。在黄道周看来，只有肯定了人性中的好善恶恶本能，那些知善行善，那些社会中的公平正义才有可能。所以君子是一定有明确的好恶的，而且君子的好恶就是本性中好善恶恶的呈现，具有根源性和决定性。

黄道周在论证君子好恶的合理性时，又提到了一个十分现实的问题，这个问题和他的时代风潮息息相关，就是君子一旦展露出好恶取向，世俗中包括政治上的舆论就来了，也就是"朋党之论"。"朋党之论"有一定的时代背景，晚明时期政治上朋党林立，党争严重。崇祯皇帝最后就以"朋党"的罪名给黄道周定罪立刑。黄道周在进呈给崇祯皇帝的《礼记》五解反复论及"朋党"，可以理解为是为自身做辩护。从现代解释学的角度看，黄道周带着自身的"前概念"来解经，这是不可避免的，是无可厚非的。而就《缁衣集传》这句话来说，其实黄道周是

---

①　黄道周：《缁衣集传》，影印文渊阁《四库全书》第 122 册，第 1086 页。

在反对"朋党之论"，至于他在政治上或者私下到底有没有结党，这一点并没有涉及。黄道周认为"朋党之论"是个伪命题，是毫无意义的。因为君子既然有所好，自然会有朋友；君子有所恶，就极容易树敌，至少不与小人为伍。这是符合人道的很正常的事情，否则连圣人都办不到。

这里提及"圣人"作为论证证据，黄道周没有明确地说明。笔者猜测有可能是与孔子对乡愿的态度有关。子贡问："乡人皆好之，何如？"孔子说："未可也。"子贡又问："乡人皆恶之，何如？"子曰："未可也。不如乡人之善者好之，其不善者恶之。"（《论语·子路》）在孔子看来，君子一定是有明确对善的喜欢以及明确对恶的厌恶的，并且从孔子对乡愿的痛恨这一点上看，他自身也有明确的好恶。

论证了君子好恶的合理性之后，我们也应该看到小人也有好恶，那么君子与小人的好恶的本质区别在哪里？《缁衣集传》写道："君子方理，小人方欲。君子好谏而受直言，小人好谀而悦佞己。"①这就将君子小人之辨，转化为理欲之辨。君子与小人的好恶的根本区别在于君子的好恶合乎理，小人的好恶合乎欲。黄道周在此并没有对"理"和"欲"的义理内涵进行展开，他不再逗留于性理的层面，而是直接指出现实中何者是理、何者是欲。在他看来，君子喜欢对别人进谏真言，也喜欢听取别人的真言，

---

① 黄道周：《缁衣集传》，影印文渊阁《四库全书》第122册，第1086页。

70

这是好恶合乎理的体现；而小人喜欢对别人说奉承的假话，也喜欢听别人吹捧自己的假话，这是好恶合乎欲的体现。这也是《缁衣》原文"唯君子能好其正，小人毒其正"的一个诠释。

黄道周实际上是以现实中的求真，来映证好恶中的善的呈现。君子小人有说与听上的真伪之别，其实就是善恶之别。我们列出两组对应关系就是"君子—合理—求真—善"与"小人—合欲—求伪—恶"。这种对理欲关系的绝对二分，可以说仍然是沿袭朱子学那一套，而不像后来戴震在理欲之辨时对人的情欲的肯定与吸纳。

其实在"好正章"的整个论述中，黄道周三次明确对君主提出建议，一者"观其趋向，辨其方类而已"，二者"不辨其方乡、察其性情，则迩臣来惑，远臣生疑"，三者"言察方乡，以去疑惑之道也"。① 其实这分布异处的三个建议都是一种意思，就是劝谏君主一定要明察臣者的"方乡"、性情和好恶，要引进有明确好恶的、说真话听真话的君子，远离没有好恶的"乡愿"以及爱说奉承话、听吹捧话的小人。这也体现了《缁衣集传》本身带有的强烈的目的性。

三、公私之辨

"德惠章"的原《缁衣》经文是"私惠不归德，君子不自

---

① 黄道周：《缁衣集传》，影印文渊阁《四库全书》第 122 册，第 1086-1087 页。

留焉。《诗》云：'人之好我，示我周行。'"大意是私施恩惠是不属于德行的，君子不将这样的人留在身边。这里虽然只提及"私惠"，但实际上蕴含着公私之辨。郑玄注"私惠谓不以公礼相庆贺时，以小物相问遗也"①，就隐含着私惠与公礼的分辨。

在《缁衣集传》中，这一章仍是围绕着君子与小人之辨，具体是德惠之辨的维度，也就是辩论君主施惠与布德的分别。黄道周解释说："惠仁一身，德仁天下，留一身而遗天下，君子不为也。"② 黄道周首先对君主的施惠与布德都进行了肯定，认为不论是指向一身或者全天下，都是君主仁爱的一种体现。接着话锋一转，讲到但是私惠只能留给一人，恩德则能广布天下，如果留给一人而失去天下，那是君子所不为的。细察《缁衣集传》此章的字里行间，黄道周的用语措辞极其委婉，他首先用了一个"仁"字对君主进行肯定与褒扬，这个"仁"字其实是原《缁衣》经文所没有的；并且他接着也不敢正面直接批评君主私施恩惠的行为，而是换成说作为君子是不为的。也就是将批判的矛头，由君主转向君子与小人，其实质是由主动施舍的一方（君主）转向被动领受的一方（君子与小人）。如果我们用语言学的术语，那就是将批判的矛头由"施事"转向"受事"，实际上就是针对同一件事。黄道周之所以如此纠结，是因为君主的神圣性与权威性不可动摇、不可批判。终其一生，黄道周

---

① 阮元校刻：《十三经注疏》，第 3582 页。
② 黄道周：《缁衣集传》，影印文渊阁《四库全书》第 122 册，第 1097页。

都没有像后来的顾炎武、唐甄等人将批判的矛头直指君主，他是比较维护君主的神圣性与权威性的。

如此一来就将君主的德惠之辨，转化为君子小人之辨、公私之辨。这就出现了一个问题，为何君主布德就是善、施惠就是恶？或者说要如何论证君主应当布德，而不应当施惠？此中又有什么样的善恶关系、好恶关系呢？

《缁衣集传》写道："君子受言于心，成行于身，靖献于君，以成信于天下，其受之则君之泽，其成之则天下之福也。小人爵禄以为私，爱恶以为己，所营不过便逸之计，所言不出目前之利，其于名位趣舍，犹行道者壶飧①之视也。"② 意思是如果君主之德广布于天下，此德比如是君主的一句良言，那么所受者君子将君主的话纳于心中，然后成形于行动，最后君子的行动必然是对天下有帮助，这是全天下的幸福；如果君主之惠私施于个人，那么所受者小人受到了爵禄就占为私有，个人好恶都是为了自身利益，他们所计较的不过是眼前的利禄名位，这样的施惠就像为了个人报恩。如此一来，君子能够形成天下的福祉，而小人只能构成个人的利益。天下的福祉是大公，个人的利益是私己，君子小人之辨就是公私之辨。

---

① 壶飧，意指个人报恩行为。例如唐甄《潜书·柅政》"今夫受人壶餐，必有以酬之；而况受人富贵，且以遗子孙乎！"钮琇《觚剩·神僧》："君常饭我，有薄物奉君，为壶餐之报。"
② 黄道周：《缁衣集传》，影印文渊阁《四库全书》第122册，第1097页。

其实黄道周在这一章的论证，弱化了人性中好善恶恶的作用，也就是弱化了义务论伦理学的因素，而有一些倾向于目的论伦理学了。他用福利的广狭与大小，来作为伦理考虑的衡量标准，也就是用福利的大小来为行为的善恶定性。君主布德于天下，广大君子受之而能造福于天下，这就是全天下范围的福利。以功利主义的视角看，整个天下的范围可以说就是功利的最大化，其行为产生的后果或价值是个人恩惠远远无法比拟的。所以判定君主这种行为的选择才是正确的，也就是可视为善；那么反过来，选择施惠于个人的行为，自然就是错误的。

论证了正确与错误、善与恶的分别之后，黄道周在本章自然也要提出自己的主张。他劝谏君主"为人君者而以爵禄为私、好恶为己，则谀谄之人日亲，周行之示不至矣"[1]，这里的"而"字也是如果的意思，是说君主如果将爵禄视为私、将好恶视为己（亦即小人行为），行为的结果会招引小人亲近，导致君子远退。这里出现"周行"是《缁衣》原文引《诗经·小雅·鹿鸣》"人之好我，示我周行"，毛传解释"周，至；行，道也"[2]；马瑞辰通释"郑注《棨誓》云'至，犹善也'，是知传训周行为至道，即善道也。郑注《乡饮酒礼》引《诗》，云'嘉

---

[1] 黄道周：《缁衣集传》，影印文渊阁《四库全书》第 122 册，第 1097 页。

[2] 阮元校刻：《十三经注疏》，第 865 页。

宾示我以善道'，义与毛合"①，就是说"周行"是君子对君主具有指明至善之道的作用。

古代君主从某种意义上讲，就是政治权力的代名词，所以君主个人的好恶对政治具有决定性的影响。黄道周在此提出君主应当是无私的、是大公的。

四、名实之辨

"声成章"的原《缁衣》经文是"苟有车必见其轼，苟有衣必见其敝，人苟或言之必闻其声，苟或行之必见其成"。孔颖达正义"苟有其车必见其轼者，言人苟称家有车，必见其车有载于物，不可虚也，言有车无不载也；苟有其衣必见其敝者，言人苟称家有衣，必见其所着之衣有终敝破也，不虚称有衣而无敝也；人苟或言之必闻其声者，既称有言必闻其声，不可有言而无声也；苟或行之必见其成者，人苟称有行，此事必须见其成验，不可虚称有行而无成验也"②，大意是如果说有车，一定能看到车载东西，说明是真的有车；如果说有衣服，一定能看到衣服穿到破旧，说明是真的有衣服；如果说有说话，一定能听到有声音；如果说有行动，一定能有相应的结果或应验。郭店楚简的《缁衣》是"苟有车，必见其辙。苟有衣，必见其敝。人苟有言，必闻其声。苟有行，必见其成"③，用字"辙"与"轼"不同，但用

---

① 马瑞辰：《毛诗传笺通释》，北京：中华书局，1989年，第493页。
② 阮元校刻：《十三经注疏》第3582页。
③ 李零：《郭店楚简校读记》，第80页。

意是相同的。

《缁衣》这一条语录很简单，几乎全是叙述的文字，但是黄道周在《缁衣集传》的阐释开章一语中的，指出"此言道之致实也"① 的主旨。此主旨其实有两个重点所在，一个是"道"，一个是"实"。我们先讨论后者。

黄道周接着讲道"实存于中，则名征于外"②，于是在本章引入了名实之辨。但是这里的"名实之辨"不是逻辑学上的特殊与一般的关系③，而是更倾向于形名之辨、虚实之辨、概念与实体之辨、行为与效果之辨。在黄道周看来，名实的关系就是一物之内外的关系；所以有其名必有其实，这一面是黄道周所强调的。于是《缁衣集传》解释说"以为不闻而言之，以为不成而行之，以为言之而不必闻，以为行之而不必成，若裸袒而谈章甫，乘橇而称高车也"④，就是说没有声音的说话、没有成果的行动，就像赤身露体而侈谈衣服，就像踩着泥橇而谎称高车，也就是说都是有名无实的。他是用两个颇具讽刺意义的比喻，批评社会中有名无实的现象。

---

① 黄道周：《缁衣集传》，影印文渊阁《四库全书》第 122 册，第 1100 页。

② 黄道周：《缁衣集传》，影印文渊阁《四库全书》第 122 册，第 1100 页。

③ 关于逻辑学上的名实之辨，像先秦名家所讨论的"白马非马"问题，黄道周在《演白马》一文中有详细论辩。(见《黄道周集》卷三十三，第 1515 页)

④ 黄道周：《缁衣集传》，影印文渊阁《四库全书》第 122 册，第 1100 页。

　　于是黄道周回到"道之致实"的论述，提出君子在名实之辨中应当怎么做。"君子之为道，求其可久，久求其可著而已"①，意思是君子行道就是能够使"道"持久永恒，那如何使"道"得以持久永恒呢？就是让"道"这个名目有所着附、有所落实、有所实现而已。所以说君子的"道"绝不是空虚的、玄幻的、短暂的，因为对"道"这个名目的空谈是没有实在意义的，只是天花乱坠而已。所以"道"一定是实实在在的，也就是要"致实"。这里面反映出了黄道周思想中很浓厚的实学蕴意，他的这一切思想主张都是为了经世致用，一方面是对宋明以来空谈性理的批评，另一方面也可能含有救国救亡的忧心。

　　实际上，黄道周是继承了东林学派以来"实学、实用、实益"的思想，上文所论述其实只是关乎"致实"，即只谈论了"实用"的层面，还应该注意到更深层次的"实益"层面。这一层面或许更重要，黄道周也注意到了，"致实"只是简单的实用主义吗？只是对概念进行行动而获得实际效果就结束了么？甚至为了获得实际效果而用尽各种手段，没有任何"致实"的道德底线，可以吗？

　　《缁衣集传》写道："言不本于《诗》《书》，行不求于仁义，苟且晨夕，以取荣利，迨其败坏，名灭而不可缀，恶播而不可掩，乃悔其见闻，诛其诈谬，则已晚矣。《诗》曰'鼓钟于

────────────

　　①　黄道周：《缁衣集传》，影印文渊阁《四库全书》第122册，第1100页。

宫，声闻于外，念子憀憀，视我迈迈'，言不诚而求形者之终必败也。"① 意思是，一个人的言行如果不是出于仁义、合乎规范，言行敷衍，目光短浅，以此获取荣利，一定会有败坏的一天。当败坏的那一天来临时，声誉毁灭、臭名远扬是无法收拾的，拦都拦不住，那时候则悔之不及。如何防止恶果发生？言行需要出于仁义和合乎规范。黄道周在此提出了"诚"。君子的行为不仅要"实"，而且要"诚"，只有"诚"才符合"道"，才是真正的"道之致实"，而不仅仅是行为的致实求形。

我们看到"实"的行为结果可能是善果，也可能是恶果，只有"诚"的行为结果才是善果。亚里士多德在其伦理学中讲伦理学不是知识，而是实践，也就是必须得有行动；并且这个行动应当是美好的行动，也就是具有善的性质的行动。一个人的言行出于仁义、合乎规范，即"诚"，这是一种实践的动机善。黄道周的名实之辨，不仅主张"致实"，更主张"致实"的实践行为是出于善，在《缁衣》中就是出于人性中的好善恶恶。

本章所论述的两个层面，首先是行为之"实"，其次是行为之"诚"，实际上是由"实"导向更高层次的"诚"。就像本章章名"声成章"，在黄道周论述的第一层次，"成"是指成果或结果；到了第二层次，"成"就是指成功，指美善。本章主旨"道之致实"的两个因素"实"与"道"是不可或缺的。

---

① 黄道周：《缁衣集传》，影印文渊阁《四库全书》第 122 册，第 1100 页。

五、君子小人之辨的意义

黄道周在君子小人之辨，主要以人性中的好善恶恶作为出发点与立足点，通过义利之辨、理欲之辨、公私之辨、名实之辨四个维度，对君子所"应当"的伦理行为进行论证。从人性的角度看，黄道周实际上是主张本性中好善恶恶的真实呈现，而极力反对人性被后天积习所异化。我们更应该看到其君子小人之辨所带有的浓厚政治指向，黄道周希望通过进呈《缁衣集传》而剖析君子小人之辨，让君主选择与奉行君子行为，以期实现儒家仁政德政的政治理想。

从宋明理学史的脉络上看，黄道周的君子小人之辨可视为对宋明理学的继承与总汇。在传统的义利严分架构下，黄道周将君子小人之辨的根本追溯到"好恶"层面，即置于人性论的层面上进行讨论，也就是说，从人性的根源之处对君子小人进行界定与严判，一个最为直接的结果就是，为君子小人之别提供性理上的理论支撑。同时，人性与政治是君子小人之辨的两个重要维度，君子小人之辨不仅仅在于心性层面上的修为，最终还需落实到政治层面，具体体现为公私之辨。黄道周通过对大公无私的君子形象的塑造，提出了君主以君子作为理想人格的伦理规范，从而提升了美善政治的要求，而不只是将政治作为刑赏防范的治理工具。

基于人性与政治的两个维度，进而可以得出：关于上文所讨论的君子小人之辨的四个论题，虽然可以视为四个面向，但实际上彼此之间关联紧密。其核心论题在于义利之辨，亦即继承了儒家传统的君子小人之辨的分判标准。理欲之辨是义利之辨的人性根源，从人性的层面确立君子小人之辨的决定标准。公私之辨则是义利之辨在政治与社会层面的体现，这种公私之辨在当代社会主义的道德建设中仍然具有重要的现实意义。名实之辨则是义利之辨在生活与言行方面的展现，也带有黄道周所处时代的实学思潮的重要特征。可见，黄道周对君子小人之辨的四个面向的讨论，可以更为集中而全面地呈现宋明理学对君子小人之分的基本标准与观念。

必须强调的一点是，黄道周对儒家传统的君子小人之辨的坚守与维护，从明清之际的社会思潮来看，又具有极为重要的时代价值。在明代中后期的整个社会层面，商业贸易发展迅猛，带来一种显著的社会效应是世人对物质利益的追逐，反映在思想层面则有思想家对功利情欲的肯定，例如明清之际的实学思想家颜元明确地提出"正其谊以谋其利，明其道而计其功"[①]。加上明代阳明学的兴盛，对人心的发掘达到空前的力度，例如肇始于泰州学派的李贽，一直延续到清代初期的戴震，均对人欲提出了肯定的评判。在如此社会思潮中，黄道周仍能坚守与维护传统儒家的义利之辨，则似乎显得尤为格格不入。

但是反过来说，这恰好又是黄道周思想的光辉之处。黄道周对天理人性的重新确立，使得传统儒家的天命之性得到重新

---

① 颜元：《颜元集》，北京：中华书局，1987年，第163页。

彰显，而不至流于明清之际以气论性的泛滥，这样在理欲之辨中，从性理层面上探求君子小人之辨的根源，就保留与突显了儒家思想的超越维度。在公私之辨中对于"公"的肯定，则是强调儒者的弘毅之心，即从政治层面指向天下百姓的责任。在名实之辨中对于"实"的肯定，则是在明清之际的实学思潮中，坚守与维护君子人格的纯粹性，同时也有利于澄清实学之"实"的根本指向，即在于天理仁义，而不应流于物质情欲。

总之，黄道周在接续宋明理学的君子小人之辨时，进行了较为深入的探源与全面的融汇；同时，面对明清之际涌现的社会思潮，又能够坚守与维护儒家传统主张，体现了身为一代大儒的批判性与纯粹性。

第五章

从好恶之性到政治美德

《缁衣集传》较为集中地体现了黄道周后期经世致用的思想主张，他直面晚明时期君、臣、民三种政治角色之间出现的问题，在《缁衣集传》中分别为三者提出相应的政治美德，并以此为基础，试图达到理想状态的易简之政。

一、好恶之性与易简之政

黄道周在《缁衣集传》开篇即指出《缁衣》的主旨是好善恶恶："《缁衣》言好善也，好善而言刑不烦，何也?"① 那么问题在于，如何从美德伦理层面的好恶之性，过渡到政治层面的不烦之政呢？黄道周仍是延续传统儒家的思路，将政治问题转化为伦理问题来解决，或者说伦理办法是处理政治问题的根本且必要手段。

---

① 黄道周：《缁衣集传》，影印文渊阁《四库全书》第 122 册，第 1014 页。

《缁衣集传》提出："好善恶恶，民之性也。民性定则教化兴，而争攘息。民知为善之可好，为不善之可恶。闾阎之下，先有好恶，以为赏罚，而明廷之赏罚皆后矣。"① 以往对《礼记·缁衣》主旨的概括主要在于好贤好善，譬如郑玄说"名曰'缁衣'者，善其好贤者厚也"②，亦即其所属是君主的好恶。黄道周将好恶的领属拓宽至全民的好恶，包括君主和平民——这一拓宽的意义主要在于平民的好恶。他认为好善恶恶是平民百姓的本性，如果在美德伦理层面的好善恶恶能够得到正当彰显与妥善安置，对人民的教化就能容易进行，为什么呢？在黄道周的思想中，平民是具有一定主体性的，他们能够根据人性本能（好恶）作出善恶的判断，而不只是纯粹被动地接受外在规范。平民百姓既然具有内在的善恶判断能力，知道为善是应该喜好的，为不善是应该厌恶的，如果该善恶判断能力所导致的作用，正好与外在规范相契合与呼应，即内在德性与外在规范相一致，那么外在的政治教化自然容易起作用，而这种政治教化作用的发生实际上就是来源于人心内外的感应。

在中国古代，政治与教化往往是一体的，所以伦理教化已经含有一定的政治意义。这就在无形当中，从伦理层面过渡到了政治层面。也就是说，对平民百姓的教化能够顺利进行，社会秩序就容易得到确立，平民百姓中的争攘就不容易发生。所

---

① 黄道周：《缁衣集传》，影印文渊阁《四库全书》第 122 册，第 1014 页。

② 阮元校刻：《十三经注疏》，第 3575 页。

以对待间阎①之下，须先明好恶，后施刑赏。孔子云"举直错诸枉，则民服；举枉错诸直，则民不服"（《论语·为政》），就是要求君主依据人民的好恶来选拔贤良。《缁衣集传》提出："民既不服，而后为刑威以治之，虽集干戈、丛斧钺而已不足矣。明主审之于先，先平其好恶，以察人之善否。见贤而后举，举而遂先；见不贤而后退，退而遂远。故所举错不过一二人，而天下之不仁者已远也。人主之举错，不严于一二人，而使干戈斧钺严于天下，圣人谓是已烦矣。"② 意思是如果对百姓的好恶不明确，对自身的好恶不坚定，那么以刑威来治理天下，终究只是动用干戈武力而已，这就是一种烦劳之政。

烦劳之政自然是不宜取的，那么如何以人性的好恶作为依据，来达到不烦之政呢？最直接的办法就是将人性的好恶作为善恶判断的标准。好善恶恶是所有人的本性，君主、人臣与平民在这一点人性上是相通的。一方面，君主如何做到明察平民百姓的好恶呢？只需反躬自省即可，即自身的好贤与恶恶都需要十分坚定，其后才能在政治中正确地施行刑赏。另一方面，君主如何对待人臣，即如何选拔君子、远离小人呢？只需观察人臣的好恶取向，就能判断出此人是善是恶，好善恶恶的君子即予任用，好恶恶善的小人即予远离，如此君子进、小人退，

① 间阎：指民间，例如"夫苏秦起间阎，连六国从亲，此其智有过人者"（《史记·苏秦传》）。
② 黄道周：《缁衣集传》，影印文渊阁《四库全书》第 122 册，第 1014 页。

则可天下大治，不须再烦劳干戈刑罚。此是从好恶之性到不烦之政最直接的办法。

但实际的政治要复杂得多，于是黄道周引进了仁义、礼乐的概念，认为人性中的好恶与仁义直接相关。《缁衣集传》提出："好贤不笃则下衰于仁，恶恶不坚则下衰于义，仁义不立则刑罚不清，而叛乱滋起。故好恶者，礼乐之所从出也。好繇天作，恶繇地奋。天动而好善，故因善以饰乐；地静而流恶，故因恶以立礼。礼乐有其本，仁义有其用，故百姓相告而非僻不作也。"① 好贤为仁，恶恶为义，而乐有仁性，礼有义质，于是有"好贤—仁—乐"与"恶恶—义—礼"两组关系。其中仁义是礼乐之本，礼乐是仁义之用，也就是说二者是体用关系。我们说在中国传统社会中，礼乐是伦理教化的工具，与人性中的好恶正好相契合、相呼应，于是君主在政治运行中就可以紧紧抓住这一点，达到不烦之政。

不烦的概念来自《缁衣》篇原文的首句"为上易事也，为下易知也，则刑不烦矣"。在这里，我们有必要对"烦"做适当的概念考察。这里的"烦"与海德格尔著名的"烦"并不相同，海德格尔的"烦"是人的一种存在方式，是绝对而不可避免的，它没有伦理学上的善恶、好坏判断。尽管如此，海德格尔也追求不烦的状态，即闲，即自在，即无所牵挂，这种"不烦"的

---

① 黄道周：《缁衣集传》，影印文渊阁《四库全书》第122册，第1014页。

状态实际上是打开了一个全新的意义世界。传统儒家说的"烦"更多是在政治层面，有烦难、繁多、繁重的意思，比如君臣上下的烦难，政治刑赏的繁多，这实际上是一种相对的、可以避免的形态，是可以做出善恶、好坏判断的。所以作为不善的烦政是可以避免的，也是应该避免的。儒家在政治上追求的"不烦"状态就是少用甚至不用刑法，就是易简乃至无为的政治，这种"不烦"的状态仍是停留在现实世界中。

我们回到《缁衣》的原文，"不烦"实际上对应的就是易事、易知。《礼记正义》疏"君易事，臣易知，故刑辟息止，不烦动矣"①，就含有政治上易简乃至无为的意思。黄道周更是直截了当地将"不烦"的概念理解为易简，《缁衣集传》指出："《乐记》曰'大乐必易，大礼必简。乐至则无怨，礼至则不争。揖让而治天下者，礼乐之谓也。暴民不作，诸侯宾服，兵革不试，五刑不用，百姓无患，天子不怒，如此则乐达矣。'故易简者，礼乐之端；礼乐者，又刑罚之本也。"② 意思是施行礼乐之政，可以不用兵不用刑，就能天下大治。易简是礼乐的特点，礼乐之政实际上就是不烦之政。

至此，我们可以得出结论，烦政就是刑赏之政，不烦之政（易简之政）就是礼乐之政。黄道周引《周易·系辞》"易简而天下之理得矣"，说明易简之理是天地之道，易简的精神体现了

① 阮元校刻：《十三经注疏》，第3575页。
② 黄道周：《缁衣集传》，影印文渊阁《四库全书》第122册，第1015页。

天地的意志。所以《缁衣集传》指出"为上易事，为下易知，天地之道也。天地之质在于成物，其令著于四时，天地所以不烦也"①，意思是君臣上下的相处相待，应如天地命行万物的过程，易简不烦。

二、诚于天下：政治美德的根本

上文实际上留下了一个问题，就是体现易简之道的礼乐之政要如何施行？《礼记·缁衣》云"上人疑，则百姓惑；下难知，则君长劳。故君民者，章好以示民俗，慎恶以御民之淫，则民不惑矣；臣仪行，不重辞，不援其所不及，不烦其所不知，则君不劳矣"，大意为如果为上者多疑，百姓就会迷惑；如果为下者居心难知，君长就需多操劳。统治者如果能够明确地表明自己的喜好来指引民众的习俗，能够对自己所厌恶的事十分谨慎地来管控民众的欲望，民众就不会迷惑；如果人臣按照道义规矩办事，不去多费口舌，不去拿君主做不到的事来要求君主，不去拿君主不知道的事来烦扰君主，这样君主就不会烦劳。② 观其大意，主要讲的是君、臣、民如何达到不惑不劳的相处状态，与儒家的重要德目"诚"似乎并无多少明显的联系，至少整句话未提一个"诚"字。

黄道周对《缁衣》这段话的诠释，却紧紧围绕着"诚"展

---

① 黄道周：《缁衣集传》，影印文渊阁《四库全书》第 122 册，第 1015 页。

② 杨天宇：《礼记译注》，第 737–734 页。

开。《缁衣集传》对此诠释一开头即提出"诚"的概念，前后主要阐发了君主如何以"诚"检视自己的言行，以"诚"处理与臣民的关系，以"诚"统治天下；或者说，君主如何以"诚"在政治上达到不烦不劳的易简状态。

《缁衣集传》提出："天下之道，诚而已矣。诚则明，明则通，通则上下一体，事简而愈治；不诚则昏，昏则塞，塞则上下异志，事繁而愈纷。"① 上文已提及易简之理就是天下之道，那么黄道周在这里将"诚"视为天下之道，"诚"是如何体现易简之理呢？他通过两组递推关系进行演绎，即：

诚→明→通→上下一体→简治

不诚→昏→塞→上下异志→繁纷

上文论述了从"上下一体"的关系推出"简治"的政治局面，也就是"为上易事，为下易知"即能达到易简不烦的状态，这也可以理解为上下相通的状态。在这一节，黄道周实际上主要是更进一步地探源，提出在作为君主的一方，"诚明"是上下相通的前提，也就是"诚明"能够体现易简之道。

"诚明"的概念出自《中庸》的"自诚明谓之性，自明诚谓之教。诚则明矣，明则诚矣"，朱子将"诚明"的进路视为圣

---

① 黄道周：《缁衣集传》，影印文渊阁《四库全书》第 122 册，第 1053 页。

人之德，谓"所性而有者也，天道也"；将"明诚"的进路视为
贤人之学，谓"由教而入者也，人道也"。① 君主向来是被期许
为圣人的，所以对君主而言，则应以圣人相待，应以天道为由，
所以黄道周对君主提出"诚"的美德要求。

那么君主做到"诚"，又如何能推出上下相通或上下一体
呢？《中庸》还说"唯天下至诚，为能尽其性，能尽其性，则能
尽人之性"，朱子释为"人物之性，亦我之性……能尽之者，谓
知之无不明而处之无不当也"②，也就是说，君、臣、民的人性
本无不同，君主若能诚明尽性，则能与臣民相通一体，从而达
到易简之政。这里说到的人性相通，实际上与黄道周在《缁衣
集传》中强调的君、臣、民在好恶上相通，是相一致的，因为
人之好恶即属于本性。至此，我们对黄道周关于"诚"到"简
治"的推导关系，就能得到义理上的解释。

所以《缁衣集传》接着提出："故以诚御远，天下无不及之
事；以诚御隐，天下无不知之情。"③ 上文说到"诚"是圣人的
德目，非君主莫属；不管我们在现代社会是否承认，传统社会
作为人臣、平民，一般不敢自认为圣人。能"御天下"自然预
设了其行为的施事者是君主。君主以"诚"御天下，"诚"能御
远所以天下之事尽收眼底，"诚"能御隐所以天下之情一览无

① 朱熹：《四书章句集注》，北京：中华书局，1983年，第32页。
② 朱熹：《四书章句集注》，第33页。
③ 黄道周：《缁衣集传》，影印文渊阁《四库全书》第122册，第1053页。

余，明朗通透，这其实就是"诚"所能体现的天下之道。

君主应当如何遵循，也就是如何将"诚"转化至政治实践呢？《缁衣集传》提出"行失而志衰，情穷而辞变，讼狱繁兴，盗贼滋有，虽圣人治之，而有不治也"①，实际上黄道周是从反面，即"不诚"的行为去展开论述，君主的言行多变易失，情志衰退不明，就容易导致混乱的政治社会局面。面对混乱的局面，如果采用讼狱刑罚的手段，会使政治事务更加烦乱，这样的政治手段在黄道周看来是属于权术。所以他说"以术驭天下，尧舜有不给之术；以诚御天下，豚鱼有可孚之诚"②，黄道周将"诚"视为与"术"对立的概念，认为使用权术刑罚的政治手段来治理天下，是不可取的，最终只会导致更加烦劳。所以他主张君主的言行、情感以及与臣民的关系都要基于"诚"的美德。实际上，黄道周仍是寄希望于君主，希望君主有为，而所谓有为主要是在伦理层面的作为，相较而言则反对权术刑罚的政治手段。

事实上，"诚"在发挥其巨大作用的时候，往往是转化为一种内在的德性意识，是实践主体（君主）基于"诚"而形成良心良知，然后成为实践主体（君主）的一种自律意识，从而落实到行为层面。所以《缁衣集传》就是为了上呈于君主，使其

---

① 黄道周：《缁衣集传》，影印文渊阁《四库全书》第 122 册，第 1053 页。

② 黄道周：《缁衣集传》，影印文渊阁《四库全书》第 122 册，第 1053 页。

对其中所提出的美德产生认同感，形成德性意识，从而落实到
君主自身的政治实践中。

三、敬为人道：政治美德的施用

"诚"之外另一重要德目是"敬"。事实上，"敬"在黄
道周的工夫论思想中处于核心地位，他对君主与人臣均提出
了"敬"的美德要求，所以在论述"诚"之后，就进入讨论
君主宜敬。《缁衣集传》指出"敬者，政之本也；明者，敬
之用也。人主不以敬明治其身，而欲以政教治天下，其势必
滥赏而重罚"①，就是先诚后敬这个顺序。"诚"与"敬"在黄
道周的思想中可以说是体用关系："诚是天道，敬是人道。"② 在
此需要说明的是，黄道周将《缁衣集传》集中讨论"敬"的这
一章命名为"忠敬章"，说明涉及的伦理对象包括君主与人臣。
但黄道周的诠释着重阐发的是"敬"，而基本不提"忠"，因为
人臣若为"忠"往往是单方向的，黄道周旨在拉近君臣关系，
力图使上下交互相通，所以只阐发"敬"。而且此"敬"并不是
专指敬君敬上，而是君主与人臣共同的敬慎工夫，是一种心性
的修为。

《缁衣集传》提出："道之可格于神明，信于仆妾，行壶阃

---

① 黄道周：《缁衣集传》，影印文渊阁《四库全书》第 122 册，第 1059
页。

② 黄道周：《榕坛问业》，影印文渊阁《四库全书》第 717 册，第 468
页。

而周于天地者，其惟敬慎乎？"① 意思是道之行在于敬慎，这里的"道"仍是指天下之道，即易简之理。这段话实际上回答了一个问题，就是君主人臣应当践行怎样的伦理美德，才能达到易简之道？其答案就是敬慎。黄道周在此直接给出这个答案。我们其实还可以进一步提出一个问题，就是践行"敬"的伦理美德，将如何达到易简之道？

《缁衣集传》接着提出："敬慎之言接于左右，而后左右无伪言；敬慎之行接于左右，而后左右无饰行。言行信于左右，而后德谊孚于朋友，而后上下之志可一也。"② 如果君主人臣的言行合乎敬慎，那么其身边的人也会在言行上真实无伪，为什么呢？在君主和人臣培养成敬慎的伦理美德之后，他们会将敬慎落实到政治行为中，即在其言行中展现敬慎的内涵；然后他们会通过饱含敬慎的德行，有意识或者无意识地感染、感化身边的人，也就是作为"感"的主体，作为一种德行上的典范，从而形成对身边的人的教化。所以，德行典范与被教化者之间其实存在着一种感应关系。我们可以看到，君主和人臣首先对敬慎的伦理美德进行培养和践行，然后通过自身的美德实践对他人形成教化。在黄道周的思想中，君主与人臣其实都是具有一定主体性的，并且人臣既有教化的被动性，也有教化的主动

---

① 黄道周：《缁衣集传》，影印文渊阁《四库全书》第 122 册，第 1063 页。

② 黄道周：《缁衣集传》，影印文渊阁《四库全书》第 122 册，第 1063 页。

性，而不仅仅是"君为臣纲"中的处于完全被动的地位。

君主人臣的敬慎言行最先感化的是身边周遭的人，使他们能够信任自己。人际范围拓宽出去就是他的朋友，再拓宽出去就是"上下"。这里的"上下"指的是政治上的上级和下属，其中的关系自然包括君与臣、臣与民。与左右、朋友、上下通过感应的作用形成同心同德，就达到了易简的不烦状态。这就是君主人臣基于"敬"的伦理美德，能达到易简之道的原因。

黄道周又提出了一个警惕，即君主人臣在敬慎的工夫上为何会有偏失？《缁衣集传》指出："敬慎之失生于逸欲，逸欲生于醉饱，醉饱生于富贵，故享天下而无醉饱之心，则足以托天下矣。以小谋大，以远言近，以内图外，固是教乱也。"① 富贵的概念来自《缁衣》原文"大臣不亲，百姓不宁，则忠敬不足，而富贵已过也"，在《缁衣集传》中黄道周实际上是在探讨"忠敬"与"富贵"的推衍关系。也就是说，为上者得到富贵之后，容易过上醉生梦死、安逸享乐的生活，然后就容易产生过度的私欲，也就导致了不知敬慎。

《缁衣》原文只提及"富贵"一词，黄道周却引进了更为严厉的两个概念，即"醉饱"和"逸欲"，这两个词要比"富贵"一词更具贬义的情感色彩。所以可以说，黄道周实际上是对当时的某些官员大臣提出一种严厉的批评，这一点至今仍具有一

① 黄道周：《缁衣集传》，影印文渊阁《四库全书》第 122 册，第 1063 页。

定的警醒意义。但是我们细味《缁衣集传》的文句，可以发现，黄道周实际上并不反对富贵本身，他只是批评为官者的醉饱、逸欲的生活状态。当为官者知道敬慎的伦理美德，即便富贵（"享天下"）但是没有醉饱之心，还是可以托付给天下的，也就是说这样的君主与贤臣是可以治理天下的。

四、取信于民：政治美德的目的

在黄道周的思想中，平民百姓即便具有一定的主体性，但在政治教化中还是处于被动教化的地位，教化者则是君与臣，也就是为上者。黄道周在《缁衣集传》中即透露出这样的思想倾向，所以他提出"信"的伦理美德，对于民众的施教者其实是君与臣；换句话说，讨论对民众的政治教化，实际上是阐述为上者如何使平民百姓养成"信"的伦理美德，也就是要求为上者应该有如何的作为，而不是要求平民百姓应该如何作为。尤其是像《缁衣集传》本是上呈于君主，并不是对平民的告诫指引，所以其要义在于为上者如何教民成信、使民成信。

《礼记·缁衣》云"言从而行之，则言不可饰也；行从而言之，则行不可饰也。故君子寡言而行以成其信，则民不得大其美而小其恶"，大意是随着说的去做，所言就不可虚饰，随着做的去说，所做也就不可虚饰，所以君子很少多说话，都是按照所言而行，如此则人民不会夸大自身的美德而掩饰自身的恶行。主要是讲君子言行相副，然后影响到平民百姓，使其对自身的美恶也不虚饰。这里的"信"是信任的意思，是指平民百姓相信为上者。其思想要旨在于"信"作为伦理美德，虽然是对平民百姓而言，但并不是指百姓之间彼此信任，而让百姓相信为上者，也就是讲为上者应该如何作为才能使人民信任自己。

《缁衣集传》指出："诏令多则上无威，劝谕繁则下多过，所以然者，饰易而信之难也。为上之所言者皆饰也，为下之所听者皆信也，以一饰而当众信，则美恶著于一时，而疑叛成于天下矣。"① 意思是，君主对民众的诏令过多，会导致为上者有失权威，更容易导致错误，再让民众相信自己就难了。原因在于如果为上者所言都是虚饰的，而民众基于"信"的伦理美德会当成真实，这实际上就是用虚饰来换取民众的信任，最终的结果只会招致天下民众的怀疑与背叛，也就是民众不再相信为上者。

黄道周用《周易》中孚卦加以论证："中孚，信也。中孚之小畜，'得敌，或鼓或罢，或泣或歌'，言信而畜疑者也。信而畜疑则天下皆疑之，婚媾之与仇敌，乍起乍伏，鼓罢歌泣，有不能自主者矣。中孚之履，'月几望，马匹亡，无咎'，言疑而致信者也。疑而致信则天下皆信之，月望而马亡，不出百里，其夜必复交绝数而行不迷也。上有迷行，则下有疑志，疑志成于下则迷行归于上。"② 中孚卦言信，卦上下各有两个阳爻，中

---

① 黄道周：《缁衣集传》，影印文渊阁《四库全书》第 122 册，第 1105 页。
② 黄道周：《缁衣集传》，影印文渊阁《四库全书》第 122 册，第 1105 页。

间是两个阴爻，十分特殊。中孚之小畜即中孚卦的六三变九三，是信而畜疑的象征，因为"婚媾"与"仇敌"等此起彼伏，闹腾不断，导致失控的局面，民众对为上者失去了信任，并且小畜卦九三爻正是"夫妻反目"，就是导致怀疑的结果。中孚之履即中孚卦的六四变九四，是疑而致信的象征，月满之时马走失了却没有过失，因为履卦九四爻辞为"履虎尾，愬愬，终吉"，象传为"愬愬，终吉，志行也"，为上者能够戒慎恐惧，其行就不会迷失，所以最终还是吉利的，即恢复天下的信任。这就说明了为上者如果行为不定，百姓会产生疑心，对其失去信任。

平民百姓无法具备"信"的伦理美德，是要由为上者来负责的，也就是因为为上者教化得不好。《缁衣集传》接着指出："民之饰恶以美，非其性然，则上之教也。故曰'言从而行之，行从而言之'，非所以教顺也，所以教信也。教信则不贰，不贰则不疑，而易简之理可致矣。"① 意思是平民百姓之所以没有具备"信"的伦理美德，而对自身的行为进行虚饰，并不是其人民的本性如此，是为上者教化不周的缘故。我们就能发现，平民百姓在这种政治教化中是没有任何主动性的，处于完全被动接受教化的地位。

有意思的是，黄道周提出为上者教化人民的目的，并非教民顺从，而是教其"信"。平民百姓所要养成的伦理美德是

---

① 黄道周：《缁衣集传》，影印文渊阁《四库全书》第 122 册，第 1105 页。

"信",而不是"顺",这就又赋予了平民百姓一定的主体性地位。那些繁多的诏令劝谕就是教民顺从,那样只会导致政治上更加烦劳;如果为上者教民忠信,民心就不贰不疑,亦即上下同心互信,由此就能达到易简之道。我们说平民百姓在政治教化中没有任何的主动性,但是在政治中又有一定的主体性。从这一点可以看出黄道周思想中有某些矛盾之处,不过这与他对明末清初时期君民之间的关系提出了上下情通的主张是相一致的。

总而言之,黄道周对政治的理想状态是不烦之政,即建立礼乐教化,达成为上易事、为下易知的相处模式,而不是运用爵赏刑罚等政治手段。要达到这种易简之道的关键则在于,君主以诚作为治理天下的德行根本,而君主人臣在政治实践中始终保持敬慎,由此确保天下百姓对为上者的信任,从而达到理想的易简之政。这三种伦理美德的落实,实际上是建立在三种不同政治角色相互交错的基础之上,君主以圣王为期许而体察天道,至诚尽性;君主与人臣在政治实践中一方面须接受伦理教化,一方面以自身的德行去教化他人;平民百姓则完全处于被动接受教化的地位,深刻体现了《缁衣集传》的文本性质与黄道周的政治思想特征。

第六章

"君为民表"的政治伦理建构

    "君为民表"与古代儒家"君为臣纲"的道理是一样的，其德行要求的对象首先是针对"君"而言，而不是针对"臣"或者"民"，所以传统儒家的"君为民表"与"君为臣纲"思想讲的不是臣民对君主的绝对服从，而是对君主本身的约束。[①]由于"君为臣纲"位居传统"三纲"之首，古今学者对此已有多方面、多层次的探讨论述，对"君为民表"这一角度的君民关系却鲜有关注。

    儒家传世文献《礼记》中有不少篇目即探讨"君为民表"的思想，例如《缁衣》说"上之所好恶，不可不慎也，是民之表也"，《表记》讲"仁者，天下之表也"。作为古代唯一单篇别行的《礼记·缁衣》诠释本，黄道周在《缁衣集传》集中讨

---

    ① 儒家所主张的"君为臣纲"理论与法家是不同的，儒家强调为人君者须首先做好表率，法家则强调"君尊臣卑"的绝对性。这一区别不得不辨，可参见唐文明：《人伦理念的普世意义及其现代调适》，《道德与文明》2015 年第 6 期。

论了"君为民表"的伦理思想。本章节将以《缁衣集传》作为基础文献，展开申论传统儒家的"君为民表"思想。

一、仁者："民表"的定义与确立

《礼记》的《缁衣》篇记录一句话："下之事上也，不从其所令，从其所行。上好是物，下必有甚焉者矣。故上之所好恶，不可不慎也，是民之表也。""禹立三年，百姓以仁遂焉，岂必尽仁？"① 《缁衣集传》中对这句话所提炼的章目就是"民表章"。这句话的大意是下级对上级的侍奉，并不是服从上级的命令，而是效仿上级的行为，比如上级喜好某种事物，下级一定有更加喜好的，所以上级的个人好恶，就不可不谨慎，因为是民众的表率；并举例而言，大禹即位三年，百姓纷纷能行仁道，达到仁的标准，这是因为百姓原本都是仁的吗？那是大禹教化的结果。

从《缁衣》篇原经文的这一内容可以看出，仁并不是人的本性中天生即有的。按照孔子在此表达的意思，从普通大众的角度上看，人之所以能行仁或成仁，是需要通过教化的方式来完成的；也就是说，需要后天向外界的习得，而不是单纯的自力成德。这一点与亚里士多德讲德性有一定的相似，德性是需要后天学习而形成的，人的本性中只有德性的

---

① 黄道周：《缁衣集传》，影印文渊阁《四库全书》第 122 册，第 1025 页。

可能性，而没有现成的践行德性的能力。所以我们发现在《缁衣》这一段文字的表述中，毋宁说仁就是一种德性，人的本性中具有成仁行仁的可能，但是仁的形成是需要经过教化与学习的。

那么回到《缁衣》的原文内容，其实就体现了民众之所以能行仁道，是受到君主的教化。而具体的教化方式就是：上级是下级的表率，君主是民众的表率。但这实际上仅仅只是描述了一种事实，在这事实背后，就可以提出一个问题：上级为何是下级的表率，君主为何是民众的表率？亦即"君为民表"的合法性何在？

《缁衣集传》解释道："夫天下之言治者，则必归于此矣。归于主好，而天下无好；归于主恶，而天下无恶。故君者，日也。日南而物与俱南，日北而物与俱北。"① 可以发现，"君为民表"的合法性在于"君者日也"的设定。而关于"君者日也"的思想，黄道周在其他著作中也有多处表达，比如《孝经集传》讲"父则天也，母则地也，君则日也，受气于天，受形于地，取精于日，此三者，人之所由生也"②，一个人的由来可以说是父母双亲，或者抽象地说是天地，而君主能够置于与父母同一个层面，也视为人的由来之一，即人之成人的一种必要条件。那么，在人之成人的过程中，君主起到一种怎样的作用？就是

---

① 黄道周：《缁衣集传》，影印文渊阁《四库全书》第 122 册，第 1025 页。

② 黄道周：《孝经集传》，第 39 页。

如日一般的引导指向作用，也就是"君为民表"的道理。因为日向南则万物都跟着朝南，日向北则万物都跟着朝北，也就是君向南则民众跟着朝南，君向北则民众跟着朝北。如此可以发现，君主之于民众就起到了表率的领袖作用。

在传统的政治运作中，君主一人的影响竟如此巨大，个人的好恶能够影响整个天下。也就是说，君主一人的善恶判断就等于价值标准，并不需要广大民众的普遍认可；或者说民众本身具有好恶的能力，具有善恶判断的能力，但是实际上并没有制定价值标准的权力。对此，儒家一方面确立了"君为民表"的模式，另一方面又肯定了民众具有善恶判断的能力，即民众能够判断出作为表率的君主的行为是否正当，是否符合于善。在此，这两个方面看似有一定的矛盾性。矛盾在于君主既然是民众的表率了，民众就是无条件地效仿服从，如何还具有善恶判断能力？或者说，如果民众具备了善恶判断的能力，那么当君主的行为非正当时，民众自然不愿再承认君主是其表率。分析而言，儒家讲的"君为民表"实际上需要理解为君主应当成为民众的好的、善的表率，这是从应然的层面上说的；民众具有善恶判断的能力，则是从实然的层面上说的。儒家的主张就是要将应然合于实然，即：君主应当如何作为，才能真正地拥有作为好的、善的民表的资格，才能获得民众对其审判的认可？

在回答这一问题之前，上文说到君主应当如何作为，这其实意味着需要为君主制定一定的伦理规范，也就是在回答君行为应当符合怎样的伦理规范之前，我们要问：谁是这一个对君主制定伦理规范的执行者？

如果说君主的行为是否正当，要看是否获得民众对其审判的认可，由此似乎可以得出一个结论，认为制定君主伦理规范的根本依据在于民众的判断，亦即民众是对君主伦理规范的实质制定者。由此似乎可以再进一步推出，古代中国政治就是民主政治。但是事实上，这个结论并不符合史实。不仅是因为在古代的中国，民众自身没有制定伦理规范的权力，更主要是在于我们还应该注意到民众的善恶判断实际上也需要依据一定的标准，这个标准与对君主的伦理规范本质上是一致的，理由是君主如能遵循民众善恶判断所依据的标准，自然能够获得民众审判的认可。这就又回到同样的一个问题：谁是对民众善恶判断所依据的标准的制定者，亦即谁是对君主制定伦理规范的制定者？

《缁衣集传》给出解释："表之有晷，日之所为教也。君子者观表以正其阴阳，测晷以知其南北，因而裁成辅相之，使民行有所之，息有所归。故君子，日晷之衡准也。"① 理解这一句话之前，需要先解释"表"的意涵。应该说"君为民表"的思想更集中体现于《礼记·表记》当中，黄道周也有专门的《表记集传》一书，可以看出他对"君为民表"思想

---

① 黄道周：《缁衣集传》，影印文渊阁《四库全书》第122册，第1025页。

的重视。《四库》馆臣在《表记集传》的提要中说"其自序以为古者窥测天地日月皆先立表,为'表记'之所由名","郑康成云'以其记君子之德见于仪表者',是为本义必取义于八尺之表,测土深,正日景,以御远近高深反属阔远"①,可以发现"表"是对天地法则的刻画与描述,将抽象的天地法则转化为一种具体可视的形式;而郑玄的意思是"表"记载了君子之德,实际上就是将天地法则伦理化。可以说,儒家视域中"表"的衡准是君子之德,其终极根据是天地法则。这一点与"古者包牺氏之王天下也,仰则观象于天,俯则观法于地,观鸟兽之文与地之宜,近取诸身,远取诸物,于是始作八卦"(《周易·系辞下》)的道理是一样的,八卦之象与"表"都是对天地法则的模仿。我们可以据此给出一个回答:对君主制定伦理规范的制定者是君子,其衡准是君子之德,其最终根据是天地法则,也就是"君子,日晷之衡准"的涵义。

从现实的政治层面上看,所有的政治角色中,谁是君子?实际上,"君子"是儒家在君、臣、民之外给出的一个虚位。这个虚位的意义,并不在于"谁是君子",而是在于"谁可以是君子"。那么,谁可以是这一虚位的君子?回应这个问题之前,我们需要先阐释这一虚位的君子具有怎样的特质。

---

① 黄道周:《表记集传》,影印文渊阁《四库全书》第122册,第833页。

《缁衣集传》为其特征定性为仁者，"君子之相阴阳，正南北，与晷屈伸，与表进退，无他，曰仁而已。仁者，万物所繇生死"①。谁可以是君子？即仁者可以是君子，那么对政治规则的制定衡准则来自于仁（君子之德）。仁的直接功用是能够"相阴阳，正南北"，其本质功用则是关乎万物的生死。对这一点的理解，也应该与制定政治规则的终极根据（天地法则）关联起来，仁的本质功用可以说与此是相通的。既然仁者可以是君子，那么在众多政治角色当中，谁是仁者？或者说在儒家视野中，期望谁成为仁者？

从政治哲学的角度上看，这一"仁者"不仅是政治规则的制定者，同时意味着是政治权力的把握者，因为仁者掌控着政治规则的解释权与实行权。所以在中国古代社会，最高政治权力的把握者不可能将其交给别人，只能是落在君主一人身上，或者说古代的君主也不可能无端地任由儒家或任何一个学派将其固有的权力转交或分配给他人。谁是最理想的仁者？只有拥有最高权力的君主。也就是说，君主一方面拥有最高的政治权力，也须是仁者的化身，具有君子之德。因为君主拥有了权力，并不意味着就具有权威，并不意味着民众对其能够心悦诚服。拥有最高政治权力的君主，只有当其自身行为符合于仁德时，才能获得民众的普遍认可，才能真正建立起至高无上的权威；

---

① 黄道周：《缁衣集传》，影印文渊阁《四库全书》第122册，第1025页。

也由此才可能作为民众的表率，才可能以仁德教化百姓。①

二、德性的觉醒：由好仁到争先行仁

在《缁衣集传》的分章当中，"民表章"紧接着的下一章就是"好仁章"，即提出君主应当好仁的主张。我们先看《礼记·表记》中有句话"仁者，天下之表也"，"无欲而好仁者，无畏而恶不仁者，天下一人而已矣"，黄道周另一部著作《表记集传》对此的诠释为"无欲而好仁，是天下之表也"②，意思是好仁是君主作为民表的本质要求。如果说"民表章"论述了仁德在"君为民表"的伦理关系中的重要性，"好仁章"则是讨论仁德的具体实践，也就是将"民表章"对仁德的实然之知，转化到"好仁章"的应然之行。

"好仁章"的《缁衣》原文为"上好仁则下之为仁争先人，故长民者章志，贞教，尊仁，以子爱百姓，民致行己，以说其

---

① 《缁衣集传·民表章》指出"夏后，殷周之君子未有不置力于此者也"，这句话当来自对本章《缁衣》原经文引《诗》引《书》的概括，也是以历史事实为该章观点提供证据。该章的《缁衣》原经文引《诗》"赫赫师尹，民具尔瞻"（《诗经·小雅·节南山》），言西周时期显赫的官职，受到民众的注目，即民表在民众眼中具有崇高的地位；引《甫刑》"一人有庆，兆民赖之"（《尚书·周书·吕刑》），言西周时期作为君主的周穆王已经意识到拥有仁德的民表的巨大作用；引《大雅》"成王之孚，下土之式"（《诗经·大雅·下武》），言周文王因美好的品德成为民众的表率。所以通过提出殷周以来的圣王君子致力于仁道的历史案例，可以规劝作为民表的君主其自身需要拥有仁德。

② 黄道周：《表记集传》，影印文渊阁《四库全书》第 122 册，第 852 页。

上矣"，大意是上级喜好仁道的话，下级就会争先恐后地行仁
道，所以上级就需要表明志向，正确地教化民众，尊崇仁道，
像对待子女那样去爱护百姓，这样的话民众会致力于行仁道，
由此取悦于上级。这里主要描述了上级好仁与民众所作反应的
现象，而《缁衣集传》阐发了这种现象背后的义理内涵，以及
重点突出了君主的好仁先行的觉悟性。

《缁衣集传》诠释为："致行以说上，仁人之事也；饰行以
厉下，则非仁人之事也。人主皆欲民之说上，而乐以身厉下，
使其道可行，则是天下皆仁人，而不仁独在一人也。故长民者，
先人者也。"① 意思是，以致力于行仁道来取悦于上级，这是仁
人做的事；虚饰行为，不行仁道，却对下级十分严厉，这是不
仁之人做的事。这里对《缁衣》原经文中的现象，即悦上与厉
下的现象，做出了"何为仁"与"何为不仁"的定性。仁与不
仁是一种价值评判，对民众与君主都是有效的，所以这段话中
"仁人"就包括君主与民众。关于仁与不仁的这一定性，是下文
展开论述的一个前提。

在对行为上的仁与不仁进行定性之后，《缁衣集传》引进叙
述一个事实，即历史或者现实中，君主往往是渴望民众取悦自
己，但同时又喜欢对下级很严厉。这一个客观存在的事实才是
儒家真正要展开批评与劝谏于皇帝的。于是，黄道周据此提出

---

① 黄道周：《缁衣集传》，影印文渊阁《四库全书》第 122 册，第 1027
页。

一种假设：如果君主这种作为要持续下去的话，也就是指欲民悦上而乐以厉下，那么根据先前对仁与不仁的定性，可以得出一个结论，就是悦上的民众都是仁人，而不仁都集中于"饰行以厉下"的君主一人身上。将一个人判为不仁，在中国传统社会中，是一种十分严重的评价。并且君主若是不仁，就无法获得民众的认可，就无法作为民众的表率，也就会失去领导与教化民众的政治权威。至此，就可以顺理成章地提出本章节的核心观点，即长民者必须好仁先行。

《缁衣集传》阐释为："《易》曰：'元者，善之长也。君子体仁，足以长人。'上先为仁，则下之从之，不后于人。章志，贞教，尊仁，此先人而仁之者也。"① 此处引《易》出自《周易·乾卦·文言》，孔颖达《正义》"元是物始，于时配春，春为发生，故下云'体仁'，仁则春也。……'君子体仁，足以长人'者，自此已下，明人法天之行。此四德言君子之人，体包仁道，泛爱施生，足以尊长于人也。仁则善也，谓行仁德法天之元德也"②，将元、春、仁相比类，认为君子能够效法天行，体察仁道，由此将仁爱施于他人，这就是作为众人之尊长的道理；程颐《传》"元者众善之首也。……体法于乾之仁，乃为君长之道，足以长人也。体仁，体元也"③，将仁视为本体，视为

---

① 黄道周：《缁衣集传》，影印文渊阁《四库全书》第 122 册，第 1027页。
② 阮元校刻：《十三经注疏》，第 25—26 页。
③ 程颐：《周易程氏传》，《二程集》，第 699 页。

万物之元始，即仁是世间所有善的始端，实际上程颐是将君子法天与体仁合为一体，体现出天人合一的特征，认为这就是君长之道；朱熹《本义》"元者，生物之始，天地之德，莫先于此，故于时为春，于人则为仁，而众善之长也。……以仁为体，则无一物不在所爱之中，故足以长人"①，朱子立足于程颐的诠释，对孔颖达的解释有所收摄，仍然体现出天人相通的特征，并且在此基础上，强调以仁作为本体，施展于世间则是博爱于万物，仁就是爱的源头活水，拥有仁德的君子就足以为人中之长。这就是君主作为民众之尊长的道理。

而从《周易》的抽象义理到现实政治的层面，君主之所以能够作为万民之长，就是因为其自身的仁德。那么，君主的仁德的具体体现为何？就是君主行仁道，要先于民众。关于"争先"一涵，《缁衣》原经文表述为"上好仁则下之为仁争先人"，说的是民众的争先行仁。《缁衣集传》的诠释却反过来强调君主的争先行仁，将"争先"一涵置于君主身上，实际上也是对君主的一种德行要求。因为作为"民表"的君主，如果能够先于民众而行仁，民众也会跟随着这一位"民表"争先恐后地行仁道。黄道周利用《缁衣》原经文，挖掘出"章志，贞教，尊仁"背后隐藏的思想，即这句话本身就意味着君主行仁道须先于民众，并且由争先行仁的行为，过渡到以仁道教化民众的

----

① 朱熹：《周易本义》，廖名春点校，北京：中华书局，2009 年，第 35 页。

政治目的。黄氏这一发明是十分精到的，他的关注点主要集中于君主的角色上，一方面体现君主行仁道先于民众的特点，另一方面又指明了君主作为民表具有教化民众的政治义务，即作为民表就意味着教仁于民。

我们说一个人好仁，然后在实践中行仁道，可以说这是出于此人的好恶本性。但是当真正地将仁道落实到具体的行为中时，不可避免地具有时间与空间两个维度上的规定与限制，譬如应当在何时行仁道。传统儒家十分重视"时"的概念，即时机的适当性，可称之为"时中"。所以儒家突出强调了君主行仁道，必须有一个时间维度上的节点，就是先于民众而行仁道。如果我们将民众的行仁道视为这一个具有时间意义的节点，那么君主的行仁道就必须要完成于这个节点之前。如此，先于民众而行仁道的君主，才能够指导与引领民众行仁道，才具有作为一个合格"民表"的资格。

我们反过来思考，为何《缁衣集传》只提到行仁道的具体方式是争先？一方面自然是在经典诠释上面，不可避免地会囿于《缁衣》原经文的限制，但是我们也应该看到另一层面的原因。一般来说，君主与民众二者的行仁道可以有时间先后、数量多寡、程度深浅等方面的区别，先与后的不同可以通过时间的刻度来进行比较，而多与寡、深与浅的不同则是难以量化的。所以能够从时间的层面上，提出君主行仁道须先于民众，却很难从数量的层面提出君主行仁道须多于民众，或者从程度的层面提出君主行仁道须优于民众。也许随着技术的发展，未来的人们能够从数量或程度上，将仁道之行进行量化处理，那时候儒家或能做出新的判断与主张。但是直至晚明时期，诠释者黄道周尚且只能提出君主行仁道须先于民众的主张。实际上，这种具体行为上的要求，其内在的意义在于提出君主作为"民表"的一种政治职责。

最后，《缁衣集传》指出"先人而仁，所谓有觉者也"①。这一句话当来自对本章《缁衣》原经文的引《诗》"有梏德行，四国顺之"的诠释，该句诗出自《诗经·大雅·抑》，不过其原诗句为"有觉德行，四国顺之"，《缁衣集传》也指出"梏，《诗》作'觉'"②。由于"梏"与"觉"的用字不同，儒家历来对《缁衣》此句所引《诗》的解释有争议。一种解释为汉代郑玄注"梏，大也，直也"，唐代孔颖达疏"梏，《诗》作'觉'。……梏，大也，言贤者有大德行，四国从之"③。另一种解释，则有宋代吕大临注为"'梏'字如桎梏，其音为'觉'，《诗·大雅》之文，则正为'觉'，盖假借之文也。觉，明也。明吾德以示之教之，此四国所以顺也。觉之为义，有所悟之谓，如'先觉后觉'。悟则明矣，故可训为明。先儒训'大'也、

---

① 黄道周：《缁衣集传》，影印文渊阁《四库全书》第 122 册，第 1027 页。

② 黄道周：《缁衣集传》，影印文渊阁《四库全书》第 122 册，第 1027 页。

③ 阮元校刻：《十三经注疏》，第 3576 页。

'直'也，未详其义"①；元代陈澔注为"《诗·大雅·抑》之篇，'梏'当依《诗》作'觉'，言有能觉悟。人以德行者，则四国皆服从之也"②；明代郝敬注为"梏，《诗》作'觉'，德行可觉悟人也"③。明代黄道周对"梏（觉）"的取义即为后者。

首先，从音韵学上看，"梏"和"觉"是音近通假。在上古时期的音系中，"梏"为见纽觉部，本义为加在犯人手上的木制刑具，引申为拘禁④；"觉"为见纽觉部，本义为寐而有觉，故为寤，引申为觉悟⑤。二字是双声叠韵的关系，但只是单纯语音上的相同，在字义上并无相通之处，所以《缁衣》此句引《诗》的"梏"实际上是"觉"的假借字。其次，从训诂学上讲，郑玄将"梏"释为大与直，当来自《尔雅·释诂》"梏，直也"，却没有意识到这是一个假借的问题，所以未能回到"觉"字上进行训释，从而导致所注有误。

而宋明之后，吕大临、陈澔、郝敬、黄道周等儒者则围绕着"觉"字展开解释，体现了主体之人的德性觉醒。当然，吕大临侧重于君主自身德性的觉悟，郝敬则侧重于论证君主的德行能使民众觉悟。黄道周在《缁衣集传》中同样是阐发君主自

---

① 吕大临等：《蓝田吕氏遗著辑校》，陈俊民辑校，北京：中华书局，1993年，第342–343页。

② 陈澔：《礼记集说》，影印文渊阁《四库全书》第121册，第975页。

③ 郝敬：《礼记通解》卷二十，明九部经解本。

④ 李学勤主编：《字源》，天津：天津古籍出版社，沈阳：辽宁人民出版社，2012年，第540页。

⑤ 李学勤主编：《字源》，第765页。

身德性的觉悟，由此与其突出强调的君主行仁道须先于民众，是前后贯通的，而"觉"之一涵则是指明了君主争先行仁的本源根据。事实上，人的自身德性的觉悟，是一种本性的开展。一个人行仁道如果要先于他人，首先需要自身德性的觉醒，其本性的展开无所障碍，才能真正地做到行仁争先，从而成为他人的引领者。所以由"觉"到争先行仁的具体行为，其是一个本性开显的过程，"觉"是这一过程的第一步，人自身的本性就是本源根据。

总之，传统儒家"君为民表"思想主要是针对君主而言的，突出强调了君主角色的政治伦理作用。一方面，君主在古代政治运作当中，是最高权力的拥有者与把控者；另一方面，儒家的主张希望君主作为民众的表率，即成为一个仁者，拥有君子之德，由此来教化百姓。从这两个方面看，实际上是将政治权力与教化能力合二为一，也就是说君主一身兼有两种身份，是"君"与"师"的合体。这就是儒家政治理想中"圣王"形象的一种体现，其实也是儒家孜孜于"回复三代"的政治理想的隐晦表达。

三、谨言慎行：民表的政治行为标准

《缁衣集传》提出，效天法地的君子是政治秩序的衡量者，但能够成为君子的人唯有仁者："君子者观表以正其阴阳，测晷以知其南北，因而裁成辅相之，使民行有所之，息有所归。故君子，日晷之衡准也。君子之相阴阳，正南北，与晷屈伸，与表进退，无他，曰仁而已。仁者，万物所縣生死。"① 事实上，儒家期望君主成为这样的仁者。如果说行仁是作为"民表"应有的德行，那么在《缁衣集传》的政治伦理建构中，慎言与谨行是作为"民表"的应有的政治行为。

在《缁衣集传》中，对"君为民表"明确提出的政治行为标准是谨言慎行。对这一标准的阐释在《缁衣》原经文为"王言如丝，其出如纶；王言如纶，其出如綍。故大人不倡游言。可言也不可行，君子弗言也；可行也不可言，君子弗行也。则民言不危行，而行不危言矣"，大意是君主说的话若细如丝，那么传出去则粗如绶带；君主说的话若细如绶带，那么传出去则粗如拉车的大绳。所以君主不应当说浮而不实的话。可说而不可做的话，君子不说；可做而不可说的事，君子不做。民众就能做到所说不违背所做，所做不违背所说。② 这里实际上表达了两层内容，第一层内容是说明君主言论的影响力之大，第二层内容是阐述君子的标准是言行一致。这两层内容看似分开，但其实是一个有机整体，因为君子是儒家所主张的一种理想人格，儒家希望君主都能成为君子，君子就是君主所要规范自身行为的一个标准，也就是说两层内容相结合，即为儒家要求君主做到言行一致。

至此，该章《缁衣》原经文引《诗》作结，谓"淑慎尔

---

① 黄道周：《缁衣集传》，影印文渊阁《四库全书》第 122 册，第 1025 页。

② 杨天宇：《礼记译注》，第 735 页。

止，不諐于仪"。此句出自《诗经·大雅·抑》，大意是对自己的言行举止须谨慎，不要有失于礼仪。孔颖达《礼记正义》解释说"言为君之法，当善谨慎女之容止，不愆过于礼之容仪；言当守道以自居，引者证言行不可过也"①，对君主的政治行为重点提出了两个要求，第一是君主应当守道自居，但是对于守何种"道"并没有展开；第二是言行不可过，也就是强调君主的说话和做事两方面都不应太过分，这是对原经文提倡言行一致的更进一步的诠释，应该说也是合理的。而朱子《诗集传》对此句诗的解释丝毫没有提及"慎"的意涵，他说"既戒以修德之事，而又言为德而人法之"②，对于修何种"得"同样没有说明或者展开，朱子强调的是君民之间的互动，即君主作为民表，百姓效法跟从。相形之下，黄道周《缁衣集传》的诠释则紧贴着《缁衣》原经文，强调君主在言论层面上的行为标准，并且发明其所守之"道"或所修之"德"：

> 慎言之难也，至于王言而极矣。王言之发，天下传之，万世垂之。其细者丽于喜怒，刑成而不可改；其大者著于祸败，机动而不可悔。故谓王言之难也，非独以教民言者也。③

---

① 阮元校刻：《十三经注疏》，第 3577 页。
② 朱熹：《诗集传》，王华宝整理，南京：凤凰出版社，2007 年，第 241 页。
③ 黄道周：《缁衣集传》，影印文渊阁《四库全书》第 122 册，第 1030 页。

开头即点明这段话的思想主旨，即慎言之难。其实这原本指的是对所有人来说，慎言都是很难的，但是对君主而言，慎言是所有人当中最难的。其原因是君主的言论一经说出，会在全国范围、后世历史中广为流传，黄道周主要从空间的范围之广与时间的跨度之长，来说明君主言论的影响之大。从这两个维度上进行强调，是《缁衣》原经文所没有的，但事实如此。古代君主的言论如同政令，会对整个社会产生重大影响；并且一代之君主，其言论或诏令也往往影响后世，尤其是一经载入史册，更往往成为后世执政之执念与指导，应该说类如《资治通鉴》就从某种程度上体现了这样的功能，所以君主堪称天下之表、万世之表。

《缁衣集传》承接《缁衣》原文中君主言论如丝而如纶、如纶而如绰的比喻，说君主小的言论依附于个人的喜怒，一经说出就无法更改，所以君主的言论如同政令；君主大的言论则与国家灾难相关，一经说出，追悔莫及，所以君主的言论直接关系到国家命运。我们看《缁衣》原经文只是一种比喻，《缁衣集传》的解释则是将经文的义理内涵具体化、现实化，将对王言之比喻中那种实际的政治影响力阐明出来。细味其解释的内容，其实黄道周还进一步有发挥。原经文只是说君主的言论一经发出，在民众中会将其放大，也就是说还只是涉及君民之间关系，上文提到孔颖达和朱子的解释也都停留在这一层面。黄道周的解释则扩展到了整个政治的层面，包括朝纲政令与国家命运，所以他明确指出君主言论之难，不仅在于君民之间的关系，即

"教民言"，更在于君主对国家政治具有决定性的作用。

至此可以更加深入地看到，王言之难是君主制的一个重要体现，意味着集权在身之难。黄道周的诠释直接进入王言之难的论述，实际上他预设了"集权在身"这个前提，或者说这个前提是始终不可变动，不可置疑，甚至不可讨论的。我们必须承认黄道周对这一前提的服从，在晚明思想大解放的局势中，黄道周没有像其后的黄宗羲、顾炎武、唐甄那样对君主专制制度提出强烈批判，他"一方面维护着礼的神圣威严，一方面又强调为臣者的独立性与主体性，试图提高人臣的政治地位，使君臣之间能够和谐平等。这是黄道周思想中一个相当复杂的矛盾之处，也是那个思想大解放时代产生的奇特现象"①。黄道周的思想总体倾向是在维护君主制的前提下进行政治改良，也就是说他对"集权在身"这个君主制的大前提是默认的。但是黄道周已经看到了君主集权在身的难处，即具体体现为王言之难；从整个政治思想史的角度上看，可以说这是对君主制"集权在身"特点进行反思与解构的酝酿，但难以谓之先声，因为在黄道周那里，还没有萌发为对"集权在身"进行解构或者反思的痕迹。

《缁衣集传》还引《易》以辅助论说："君子居其室，出其言善，则千里之外应之，况其迩者乎？居其室，出其言不善，

---

① 蔡杰：《由易观礼——〈周易〉履卦大象辞诠释》，《国学论衡》（第七辑），王晓兴主编，北京：社会科学文献出版社，2018 年，第 95 页。

则千里之外违之，况其迩者乎？言出乎身加乎民，行发乎迩见乎远。言行，君子之枢机；枢机之发，荣辱之主也。言行，君子之所以动天地也，可不慎乎!"① 这一段出自《周易·系辞上》，大意是君子的言行是善是恶，不论远近都会有人应和。如果言行是善的，人们就会跟随；如果言行是不善的，人们就会与之相违背。从这里可以发现，所谓善与不善，其实是价值评判的标准，而民众是具备价值判断能力的，因为能够作出相应的反应，也就是跟从或者违背。《易传》这一段文字最后指出言与行是君子行道的关键，言行的最初虽然只是产生于个人，但是由于该人的社会影响力之大，会产生巨大的能量，或者说社会效应，所以从结果上讲，其最初言行的善恶就应该得到考虑，亦即应当采取谨言慎行的行为。

四、主敬：见天德与见王道

上文所引《易传》已经指出言行是君子行道的关键，接下来《缁衣集传》集中阐发谨言慎行背后的工夫理论。对应的《缁衣》原文为"君子道人以言，而禁人以行，故言必虑其所终，而行必稽其所蔽，则民谨于言而慎于行"②，大意是君子用言语引导别人，用行动使人谨慎，因此君子的言论必须考虑后果，行动必

---

① 黄道周：《缁衣集传》，影印文渊阁《四库全书》第 122 册，第 1030 页。

② 黄道周：《缁衣集传》，影印文渊阁《四库全书》第 122 册，第 1036 页。

须考虑是否有弊病，这样民众才会谨慎于自己的言行。①

《缁衣集传》为此提炼出一个"敬"字："敬者，道之坚凝者也，坚凝而后不敝，不敝而后可行于天下，垂于百世。"② "道"是传统儒家所孜孜追求的终极目标，孔子说"朝闻道，夕死可矣"（《论语·里仁》），而如何使"道"得以坚定凝固呢？只有敬的工夫，持敬而"道"得以牢固，牢固才不至于衰微，不衰微才能够行于天下、垂于百世，也就是最大限度地扩展"道"的影响力。君子行道之所以能持久不衰，那是因为做敬的工夫。或者说，敬是"道"得以显现或对人发生意义的源源不断的能量。

那么，主敬是如何体道行道呢？黄道周指出"静处敬便见天德，动处敬便见王道"③，他引进了动与静两个概念，认为在做工夫的两种状态都应该持敬，也就是说持敬不仅仅在于处静之中，而是贯穿于人的所有状态，天德王道便能澄明显现。所以说"人主著敬，敬则心体明清，与天同道。敬庶民与敬士大夫，敬天地祖宗与敬身，岂有分别？人主一息不敬，便有侮慢自贤、反道败德的事"④，可见，人在任何时候，对待任何事物都应该有敬的态度，从而克制自身的恶慢之心，以避免破坏道体的持久性。

---

① 杨天宇：《礼记译注》，第 736 页。
② 黄道周：《缁衣集传》，影印文渊阁《四库全书》第 122 册，第 1036 页。
③ 黄道周：《榕坛问业》，影印文渊阁《四库全书》第 717 册，第 472 页。
④ 黄道周：《榕坛问业》，影印文渊阁《四库全书》第 717 册，第 463 页。

《缁衣集传》之所以提炼出"敬"字,实际上是为了从整体上把握与总结谨言慎行的政治行为,即以"敬"统摄言行。《缁衣集传》指出"谨言慎行,敬之目也。君子考言以为教,教以导人;考行以为法,法以禁人。故道人者非令,禁人者非宪也"①,这句话很重要,基本可以分作三个层次去理解,第一层次为敬统言行,亦即把"敬"一涵具体化为谨言慎行;第二层次是更进一步,以言为教,以行为法;第三层次则是将视角移至第二层次的背后,从哲学维度上对此进行解读。

第一层含义为以"敬"统摄言行。这句话中所谓"目"是对应"纲"而言的,古代有成语"纲举目张",也是表达同样的意思。在上文论述中,已形成对"敬"的基本认识,那么如何做到"敬"?就是谨言慎行。"敬"能够统摄言行,正如"纲"是"目"的主干与关键,也就是说"敬"是指导把握一个人言与行的标准,或者说"敬"是谨言慎行之行为的内在依据。"敬"在这里就是言行的核心与目的。将行道提高到了"敬"的高度,实际上是为了用"敬"来约束言与行,所以"敬"就可以具体理解为谨与慎的精神。所谓"纲"(敬)与"目"(谨言慎行),就是体用的关系。

第二层含义则已经过渡到对言行的讨论,即以言为教,以行为法。这一层含义其实是针对《缁衣》原经文"道人以

---

① 黄道周:《缁衣集传》,影印文渊阁《四库全书》第122册,第1036页。

言，而禁人以行"的阐发，揭示了"道人"与"禁人"二义所蕴含的教化与法规两个维度，也就是将言、行与教化、法规对应起来。相较而言，黄道周这一阐发其实是有一定创新性与深刻性的。郑玄仅注"禁犹谨也"，孔颖达疏"道人以言者，在上君子诱道在下以善言，使有信也；而禁人以行者，禁犹谨也，言禁约谨慎人以行，使行顾言也"①，这里主要是以"言"为核心，其"行"不过是被要求附于"言"、合于"言"，最终的价值追求是君子之言所体现的信德。当然，也有注家强调"行"的，即具有崇"行"抑"言"倾向的，展示了作为一个"民表"以行禁行的防民作用。例如真德秀《大学衍义》中提到："道人以言者，谓以言辞命令开导而诱掖之也，然言可以导人之善而不能禁人之不善，其必以行乎？盖天下之理，有诸己而后可责诸人，无诸己而后可以非诸人。己无不善之行，虽不禁人，人自从之；己有不善之行，虽欲禁人，人必违之。故空言不可以禁人，惟实行乃足以禁人也。"② 也有注家同时兼举言行者，提倡率善之言与防恶之行相互补充。例如孙希旦说："道者，率其为善；禁者，防其为恶。于言言'道'，于行言'禁'，互相备也。"③ 以上三家

---

① 阮元校刻：《十三经注疏》，第 3577 页。
② 真德秀：《大学衍义》，影印文渊阁《四库全书》第 704 册，台北：商务印书馆，1986 年，第 833 页。
③ 孙希旦：《礼记集解》，沈啸寰、王星贤点校，北京：中华书局，1989年，第 1325 页。

的诠释，基本都是在行为层面展开。但是从伦理教化的角度上看，教化是教人为善或者不为恶，是一种引导性的作用，并不具备禁止的功能。如果"禁"具有禁止的意思，那么在更大程度应该是具有政治刑律意义的，即具有法规的指向。黄道周是从伦理（"教"）与政治（"法"）两个维度，对言与行的规范性进行论述。这较于其他注家，更加注意到了政治的意义，在文本诠释上具有一定的创新性。

第三层次则是更进一步，将诠释的角度移至第二层次的背后，从哲学维度上对此进行解读。在传统儒家看来，能够导人和禁人的方法并不是强制性的命令和法律，而是身为"民表"的表率作用。如果说强制性的命令和宪法是一种由外而内的、对人的约束，"民表"的表率作用则是通过民众对于"民表"之善的言行的认可，完成自身本性中至善的由内而外的呈现。这种儒家所强调的由内而外的路数，对于善的把握与践行，比外在的约束指令更为牢固可靠。

当然，我们同时可以从政治哲学的角度上看到，既然君主之言具有规范的作用，君主之行具有法令的作用，君主本身实际上就是规范与法令的最高标准。如果这一层含义在上面《缁衣集传》的诠释文字中还不够明朗，那么黄道周接下来的阐发，基本可以看得清楚。他说"宪令之行，非久必敝。故君子以法托人，不以人托法。法托于人者安，人托于法者危。以法托人，则可以百世；以人托法，则不可以一世也"①，这句话的含义看似赞成君权大于法律，但实际上凌驾于法律之上的不是君权，而是"人"。这个"人"自然不是指君权，但是不是指君主呢？从现实政治的操控层面上讲，这个"人"确实是指具有绝对的政治主体性的君主；但是在儒家看来，君主是需要依据天道、本于人性而行的，所以从实质上讲，这个"人"是依据天道、本于人性而行的人，其根本是君主与平民大众都应当遵循的天道。对这句话的理解，应为天道、人性是法律的内在根据。

由此才能进一步地说，法令不足以禁人，因为法令无法长久，那么什么能够长久？自然不是君主个人能够长久，而是人性能够长久，天道能够长久。所以法律有其内在根据或更高标准，就是天道人性。在这里，是以时间上的持久永恒作为衡量政治好的标准，长久就是好的，短暂就是坏的，而没有将富裕、强盛、进步或发达等当成标准。因为长久蕴含着长治久安的意思，即一种政治之所以能久，意味着这种政治制度之下的社会能安。儒家所倡导的这种学说，让中国的传统社会延续了两千年。

五、易简之政：民表思想的归宿

传统儒家重视"君为民表"的政治伦理，必然有其目的所在；也就是说，儒家政治思想并非提倡刑赏，而是重视为政者

---

① 黄道周：《缁衣集传》，影印文渊阁《四库全书》第 122 册，第 1036 页。

的修身德行，其目的在于以此达到政治上的易简之政。在《缁衣》经文中，孔子说"长民者衣服不贰，从容有常，以齐其民，则民德一"①，主要是讲领导民众的人，其服装有一定的规范，言行举止也有一定的规范，由此来领导民众，民众的德行就能统一。这里仍然是强调了作为"民表"的长民者，起到表率的作用，叙述的角度是通过"民表"外在的仪容仪表来完成的。《缁衣集传》诠释为：

> 衣服者，德之符也，德以仪民。奇淫生于中，则放僻著于外矣。旗常车鞶，各有其等；绖纮履带，各有其式。章采轨物，以寓赏罚，上无以齐则下无以一。②

这段话可以从两个方面去理解，第一是对《缁衣》原经文中"民表"外在的仪容仪表进行扩展性的补充阐述，即衣服与等级制度的关系；第二是发掘与衣服相对应的内在之"德"一涵，即衣服与德行的关系。

第一个方面的含义，通过旗常、车饰、冠冕的绳饰、鞋、衣带等传统礼制的象征饰物，对《缁衣》原经文的"衣服"进行补充，认为这些饰物都是蕴含着赏罚的内容，实际上就是象

---

① 黄道周：《缁衣集传》，影印文渊阁《四库全书》第122册，第1043页。

② 黄道周：《缁衣集传》，影印文渊阁《四库全书》第122册，第1043页。

征着礼制等级的分别，由此使衣服所寓意的等级制度更加明朗化。黄道周的这一发微，应该说是极有力度与深刻性的。现代学者虞万里对郑玄、孔颖达的注解提出了一针见血的质疑，"为什么君上的衣服容止可以使民则而象之以致德归于一？显然没有揭示出古代衣服、容貌与德行的关系"；虞氏对黄道周的阐发则十分赞同，认为"（黄道周）已注意到德与衣服及其等级的关系……其它如陈祥道、纳兰性德、朱轼、姜兆锡、方苞等，虽有解说，多未切中其要"。① 那么对等级制度内涵的发微，对民表思想的阐释有什么作用呢？我们说传统的礼制是君民所共同遵守的，不会因为任何一个君主或者民众而随便产生变更，也就是说，传统礼制是凌驾于君民之上，并且为君民所共同认可遵循的。在这里，黄道周强调的是如果君主率先遵守传统礼制，则民众也会心悦诚服地效仿跟随，从而达到君民齐一。

当然，我们也可以从更深一层看到，黄道周没有像顾炎武、黄宗羲、唐甄等人走得那么远，对传统礼制提出批判和否定，黄道周所着重反思的是在固有礼制之下的君民关系，也就是在传统制度的框架之内，对君民关系重新厘定，他的目的就是由君民关系的和谐达到易简之政。所以如果从进步性的角度进行评价，黄道周在这里体现出一定的保守倾向。

第二个方面的含义，即衣服与德行的关系。外在的衣服只不

---

① 虞万里：《从先秦礼制中的爵、服与德数位一体诠释〈缁衣〉有关章旨》，《史苑英华——上海社会科学院历史研究所论文精选》，上海社会科学院历史研究所编，上海：上海社会科学院出版社，2008 年，第 123-124 页。

过是内在之德的符号，也就是一种由内而外的彰显，所以说君主能够以仪容仪表的规范性来齐民，实际上是以仪容仪表背后的德行来齐民，德行才是所有有关衣服的论述内容的根本。黄道周在这里构建出一组内与外的对立关系，即衣服为外，德行为内，他所主张的是内外需要一致，而这一致性可以具体表述为由内而外的展开。说一个人如果产生怪异过分之心，即恶念生于内，那么在仪容仪表上会表现为怪诞放恣。其实这里着重强调的是内在之德的重要性，这一点在《缁衣》原经文中十分隐晦。内在之德与外在之衣服的关系，也可以视为本末关系，黄道周的诠释虽然没有明显的"抑末"倾向，但是对本质的追求（即"崇本"），是我们应该注意到的。

可以得出，内外一致，上下一致，所谓"一"其实就是黄道周所追求的一种理想状态。"一"的根本在于德，所以《缁衣集传》的诠释中"德以仪民"就不难理解。[1] 下一章"壹德章"的《缁衣》原经文为"为上可望而知也，为下可述而志也，则君不疑于其臣，而臣不惑于其君矣"，大意是如果为上者的内心能够望而可知，为下者的言行可以称道记载，那么君主就不会怀疑他的臣下，臣下也不会不了解他的君主。[2] 主要通过对君

----

[1]　《缁衣集传》的章名是黄道周根据《缁衣》原经文，为传文所总结出来的标题。其中"德壹章"是以德为出发点，达到"一"的结果，其诠释的重点在于"德"，此"德"贯穿一切；下一章"壹德章"则是以"一"为立足点，追求君臣上下一致于德的结果，由此突显出上下一致的政治意义，所以"壹德章"的诠释重点在于"一"。

[2]　杨天宇：《礼记译注》，第 737 页。

主、臣下各自做到可望而知、述而志，君臣上下的关系就能通透明朗，也就不会互相猜忌。

《缁衣集传》诠释为："易事则可望而知矣，易知则可述而志矣。可望而知，则不疑；可述而志，则不惑。"① 这句话实际上引进了一套概念，作为点明本章主旨之用。引进的概念为"易事"与"易知"，来自《缁衣》原文开篇"为上易事也，为下易知也，则刑不烦矣"，这是整篇《缁衣》的主旨。黄道周再次引入与提及这一概念，不仅为了再次强调《缁衣》的思想主旨，同时也阐明其政治思想的目的所在。在《缁衣集传》的诠释内容中，就形成了"君主→易事→可望而知→不疑"与"臣民→易知→可述而志→不惑"这样两条完整的递推链，实际上这两条递推链表达的是一个意思，因而也可以视为一条。其意思是君主臣民如果能够做到易事易知的话，就能表现可望而知与可述而志，从而上下之间形成不疑不惑的关系。

查看这一条递推链，从本源上讲，"易事""易知"处于根本的环节，也是具有决定性的。但是可以提出这样的问题：为什么说君臣上下的关系通透明朗，就是一种理想的政治模式？

显然，这个问题是《缁衣》原经文没有关照到的，《缁衣集传》则从反面的角度，为这一问题提供了解答："故权数相御，乱世之道也。《坎》之'纳约'，《睽》之'遇巷'，盖不得已也。"② 上下

① 黄道周：《缁衣集传》，影印文渊阁《四库全书》第122册，第1046页。
② 黄道周：《缁衣集传》，影印文渊阁《四库全书》第122册，第1046页。

之间如果不能互相知晓对方，即互相猜忌，就容易形成采用权谋手段，互相防御对抗，也就是君臣上下变成敌对的关系，而这恰恰是导致败政乱世的根源。所以为上者需要做到易事，为下者做到易知，互相做到上下之间明朗通透。

　　至于其中提及《坎》《睽》二卦，则是为君臣之间出现的特殊情况做出解释。《坎》之"纳约"出自《易经·坎卦》六四爻辞"樽酒簋贰，用缶，纳约自牖，终无咎"，意思是六四与九五之间，是君臣际会，原本君臣之间的分野是非常严格的，但是在艰难的情况下，可以省去所有的繁文缛节①，正如饭酒只用简单的瓦器盛，不经由正门，直接从窗户送给君主，如此也是没有灾祸的。《睽》之"遇巷"也是同样的道理，出自《易经·睽卦》九二爻辞"遇主于巷，无咎"，卦名"睽"是背离的意思，其九二爻辞是说九二与六五原本是阴阳相应的臣与君，在背离的情况下到处追寻，结果不是在大道遇到，而是在小巷遇到，也就是说心意相通的的君臣，即使刻意地、积极地去互相追寻，采取一时的权变之术，也是不算违背原则的，所以如此不会有灾祸。②

---

　　①　参见孔颖达："正义曰：'樽酒簋贰'者，处重险而履得其位，以承于五，五亦得位，刚柔各得其所，皆无余应，以相承比，明信显著，不假外饰。"阮元校刻：《十三经注疏》，第86页。
　　②　参见孔颖达："正义曰：九二处睽之时而失其位，将无所安。五亦失位，与己同党，同趣相求，不假远涉而自相遇，适在于巷。言遇之不远，故曰'遇主于巷'。'主'谓五也，处睽得援，咎悔可亡，故无咎也。"阮元校刻：《十三经注疏》，第104页。

《缁衣集传》之所以提及这两种特殊的情况，是为了说明在特殊情况下，不走大道而走小道，即君臣之间采取一定的权数，虽然看似小人的行为，但实是迫不得已。因为其目的是君臣上下能够通达，最终结果仍然是君臣和谐共通地相处，形成上者易事、为下者易知的良好局面，而不是使君臣上下成为敌对的状态。正如黄道周自己解释的"纳约自牖，小人之务也。然且大人由之，何也？谓其远于言也，远于言则近于诚"①。所以我们应该看到君臣上下之间"易事易知"的易简之政，这种目的才是一切政治行为中的第一位。

总之，君主若做好"易事"的民表形象，臣民也会跟着做到"易知"，由此上下相通，共同缔造易简之政。所以《缁衣集传》最后引用周文王的话"为上而易知，为下而易志，犹之日月也。上不以日月示其下，则下以云雷疑其上"②，即强调君主应当做出领先的表率。应该说上下相通的易简之政，才是传统儒家"君为民表"思想的政治目的。

从古代思想史上看，黄道周着重阐发"君为民表"的政治思想，似乎有一个较为深层的潜在原因。对应于明清之际的政治形态以及儒学思潮而言，黄道周并没有像其后辈思想家（如黄宗羲、顾炎武、王夫之、唐甄等）激进地批判君主专制制度，他反倒是提出君臣上下相通相亲，构建完善有机的政治共同体，

① 黄道周：《易象正》，第 264 页。
② 黄道周：《缁衣集传》，影印文渊阁《四库全书》第 122 册，第 1046 页。

来解决明代以来君臣阔绝的政治弊端，以及面对晚明的政治危机。关于君臣一伦作为传统儒学中"三大伦"之一，尤其是政治层面上的主要伦理关系，黄道周对君臣伦理的救治，从某种意义上讲是对整个儒家纲常伦理的维护与坚守。

从面向现代的角度来看，即在一百年来儒家伦理彻底崩溃的现代社会中，黄道周对君臣伦理的救治与维护，反而能为我们提供一个理解传统君臣伦理思想的良好视角。

第七章

晚明视域中的君民伦理重构

本章节将集中探讨《缁衣集传》的君民关系论。从广义上讲，君民关系包含君臣关系在内，且《缁衣集传》中君民、君臣、臣民之间并没有严格的区分，所以本章节所论《缁衣集传》的君民关系可表述为君、臣、民的关系。

一、天爱日月之喻：君民的情感相通

在《缁衣集传》中，黄道周以比喻的方式对君民伦理关系进行重构，主要作四种比喻，分别是天爱日月、地爱风雨之喻，舟水之喻，心体之喻与山地之喻。实际上，这些君民之喻大部分均能在传统儒家的学说中找到来源，其中较为独特的是天爱日月、地爱风雨之喻。《缁衣集传·亲贤章》载：

> 尊亲之情，上下一也；秉彝交孚，达于天德。上以尊

贤则下以贤尊其君，上以亲贤则下以贤亲其君。亲贤之在天地，犹日月之与风雨也，天不信其日月，则地不爱其风雨，故远贤而贵爵，天下所以胥远也。①

这里的"尊亲之情"不是指尊敬父母亲人，而是指"尊"与"亲"这两种情感。君民上下在尊与亲这两种情感能力的拥有上，是完全一样的；也就是说，君主与臣民都具备尊敬和亲爱两种情感能力。

对此，可以提出一个问题：君和民为什么同样都具备这两种情感能力呢？我们当然可以站在现代的立场说，只要是个人就有情感能力，而君和民都是人，所以君和民自然都具备这两种情感能力。但是在传统儒家的观念当中，"人"不是绝对孤立的个体，"人"的形成与完满需要在一切关系中获得实现，包括与父母的关系乃至天人关系。所以按照儒家的学说，我们不能简单地说"只要是个人就有情感能力"这种自生自足的观点。那么，不妨借助与结合这种观点，进一步发问：人为什么具备情感能力？

黄道周认为人的情感本源在于人性，"情是性之所分，情自归万，性自归一，性是情之所合"②，情与性的关系就得到了确

① 黄道周：《缁衣集传》，影印文渊阁《四库全书》第 122 册，第 1069 页。

② 黄道周：《榕坛问业》，影印文渊阁《四库全书》第 717 册，第 396 页。

立。在此，"性"字一经引出，上述问题就迎刃而解了。因为人性是与天命联系在一起的，所有人的本性都是禀受于天；由同一来源所赋予，就使得所有人的本性都是相同的，包括君主与臣民。这就是"秉彝"的道理。"秉彝"出自《诗经·大雅》的《烝民》"天生烝民，有物有则。民之秉彝，好是懿德"；"交孚"出自《周易·睽卦》"睽孤，遇元夫，交孚，厉无咎"，而"交孚"的意思是"同志相得而无疑焉"①，就是指君民上下的情感相通，互相信任。我们可以发现，君主与臣民的本性是相同的，二者的情感是相通的，都源自于天，这就是"天德"的内涵，也就是上下之所以一致的本质原因。从这一点上看，君主与臣民之同样为人，他们的人性、情感与人格就是平等的。这是晚明时期出现的一股新思潮。

在这样的理论基础上，黄道周提出如果上级能够尊重与亲爱贤人，下级会因为自身所具备的贤德而做出反馈，即相应地尊重与亲爱上级。这就像是上天应该信任日月、大地应该亲爱风雨一般，君主如同上天与大地，臣民如同日月与风雨，天地对万物的滋养与教化，都需要日月与风雨来实施执行。所以君主的政令如果没有臣民来执行，整个国家就无法运转，我们可以说臣民也是国家政治的主体。

将君民关系比作天与日月、地与风雨，并提出天爱日月、

---

① 王弼：《周易注》，《王弼集校释》，楼宇烈校释，北京：中华书局，2009 年，第 406 页。

地爱风雨的主张，这看似是单方向的情感输出，因为日月以天为依靠，风雨以地为主宰，看似天地要比日月风雨处于更为根本的地位，但是实际上，在黄道周的思想观念中，君主能够尊亲于臣民，臣民也具有情感的能力，他们是能够作出尊亲于君主的反馈的。也就是说，君主是情感的主体，臣民也是情感的主体，这是一种双向的情感相通。上文已经论证了君民情感的相同来源，为君民情感的相通提供了理论上的可能性。那么君民的情感为什么一定要相通呢？因为有利于国家政治的运行。

　　如果君主不能够尊亲贤人，导致君民之间关系阔绝，会产生什么样的后果呢？黄道周以《周易》困卦六三爻辞与相应的一句系辞作出回答："《易》曰：'困于石，据于蒺藜，入其宫，不见其妻，凶。'子曰：'非所困而困焉，名必辱；非所据而据焉，身必危。既辱且危，死期将至，妻其可得见耶？'"① 黄道周引用此句是将君民上下比喻为夫妻关系，夫妻之间必然是情感相通的，如果丈夫在家中都见不到妻子，家庭将无法经营下去，所以这是一个凶兆。出于对不祥之结果的考虑，作为君主想要获得臣民的尊敬与亲爱的反馈，想要国家政治能够顺利运转下去，就应当主动把握自身的行为，即尊亲于臣民。

二、舟水之喻：敬慎与周密的道理

　　舟水之喻是儒家对君民关系的一个古老的比喻。一般来说，

---

① 黄道周：《缁衣集传》，影印文渊阁《四库全书》第 122 册，第 1069页。

最早可追溯到《荀子》"传曰'君者舟也，庶人者水也，水则载舟，水则覆舟'，此之谓也"（《王制》）。如果我们确认《孔子家语》非伪，那么《荀子》中所谓"传"便有可能是指《孔子家语》"夫君者舟也，庶人者水也，水所以载舟，亦所以覆舟"（《五仪解》）。历史上关于舟水之喻的最著名的典故，当属唐太宗与魏徵的一次对话，魏徵说："君，舟也；人，水也。水能载舟，亦能覆舟。"①

《礼记·缁衣》载"小人溺于水，君子溺于口，大人溺于民，皆在其所亵也。夫水近于人而溺人，德易狎而难亲也，易以溺人；口费而烦，易出难悔，易以溺人；夫民闭于人而有鄙心，可敬不可慢，易以溺人。故君子不可以不慎也"，黄道周认为其中"'德易狎而难亲也'，'德'字疑作'色'字"。②笔者所见传世《礼记·缁衣》文本均作"德"字，而郭店简、上博简《缁衣》均无此章，故此处可视为黄道周改经之一，并且这一改经是有一定道理的。《缁衣》该章大意为小人之所以容易溺于水，君子之所以容易溺于口，长民者之所以容易溺于民，都是因为轻慢不慎造成的。原因在于水与人亲近而容易溺人，相应地说，小人的神色容易让人接近与熟悉但难有亲爱之情，所以容易溺人；说话违背常理并且絮烦，就是出口容易但难以追悔，所以容易溺人；至于民众则是往往闭塞不通人情，又有鄙

① 吴兢：《贞观政要》，上海：上海古籍出版社，1978 年，第 16 页。
② 黄道周：《缁衣集传》，影印文渊阁《四库全书》第 122 册，第 1074 页。

夷之心，所以需要以恭敬的态度而不可轻慢，否则容易溺人。这就在说明君子需要谨慎的道理。

可以发现，《缁衣》原经文关于溺人的道理，与舟水之喻的道理是一致的。但是黄道周之前，历代注家尚无一人将《缁衣》此章与舟水之喻联系起来，包括郑玄、孔颖达、吕大临、方慤、马晞孟等。如果说《缁衣》此章的义理侧重于君子之德，那么舟水之喻则具有强烈的政治意味，《缁衣集传》将二者联系起来进行解释，堪称绝妙，在解经上体现了其独到之处，在义理思想上则体现了强烈的政治诉求。《缁衣集传》说：

> 夫三溺者，何也？天下之溺人，皆在于所亵也。君子敬以立身，慎以定虑，则视天下皆无一易者。水之德，天下之至易也，而人多溺焉；火严而人寡犯之。言易出而难追也，民易使而难服也。忠信则慎，慎则周，周则密，密则省，省则机度不覆，而祸孽可息也。子曰："君犹舟也，民犹水也，水以载舟，亦以覆舟。"故有狎水之舟，则必有狎舟之水矣。①

黄道周在此引用了孔子的舟水之喻，可以看出黄道周对《孔子家语》的文本并不怀疑。传统的舟水之喻，旨在说明民众

---

① 黄道周：《缁衣集传》，影印文渊阁《四库全书》第122册，第1074页。

能够成就君主，也能够颠覆政权。但黄道周并不强调这一点，他要提出自己的政治主张，即劝诫君主尊亲于民众，关注点在于君民之间的关系，所以他说既有狎水之舟，必有狎舟之水，这就突出了舟与水之间的辩证关系。也就是说，君主如果轻慢于民众，那么民众也会有相应的反馈，即轻慢于君主。民众是不可能无条件尊亲于君主的，因为在黄道周看来，民众和君主一样具有政治主体性。

所以在黄道周的舟水之喻中，他要阐发的是君主应当敬慎。同样的道理，《缁衣》原经文所讲的"三溺"也是劝诫君主应当敬慎以修身。如果君主时时持敬慎的态度，来面对国家政治，就会将天下一切事务都视为不易。由"敬慎"到"不易"，黄道周实际上引进了易与不易的辩证概念，说明天下之道虽然至为易简，"易简而天下之理得矣"（《周易·系辞》)，面对易简之理却不可轻易傲慢，而需要以敬慎的态度把握易简之理，所以世间至易者于人而言反而最为不易。就像水的道理，水是人们日常生活中极为常见的，人人都与水亲密不分，对水的日常运用十分容易，但是溺水的事件屡屡有闻；相反，火的品性十分严厉，使得人们不敢轻易冒犯。这就说明一个道理，面对容易亲近的事物，人们往往产生轻慢亵狎的想法。如果将水的道理置于现实层面，就可以证明言论由于容易说出口，人们说话往往不加谨慎，因而导致难以追悔；民众由于易于指使，君主的命令往往过于随意，因而导致民众不服从。所以一些本是极其简单容易的事情，反而是最难把握的。

除了用易与不易的辩证概念进行论证，黄道周还将"敬慎"一涵一步步地具体化，主要是进行推衍论述。那么"敬慎"一涵将如何展现呢？如果君主对待天下一切事务能够持敬慎的态度，其考虑事情会相对周到，谋事周到进而会严密，严密的话会对整个事情了然于心，从而做到万无一失，灾祸自然不会发生。这体现的是中国古人强调的未雨绸缪的忧患意识。

我们可以将这里的敬慎与周密视为体用关系，敬慎作为谋事周密背后的支撑，周密则是敬慎的具体展现与发用。而黄道周对周密一涵的层层推衍与格外的重视，其实是《缁衣》原经文的内容所没有的，是黄道周在解经过程中独到的发挥，体现了晚明时期实学实用的思想倾向，也就是重视具体的做事层面。所以《缁衣集传》引《周易·系辞》说"《易》曰：'君不密则失臣，臣不密则失身，几事不密则害成。'水之乘人于其微密也，故智者观于水德，思过半矣"①，意思是水之所以能载舟，是因为水本身的周密特点，能够使舟不至于降沉。这就是水的道理，所以说智者观察水的特点，就能掌握事物运行的规律。黄道周为《缁衣》此章命名为"慎溺"，实际上就是讲慎则不溺的意思，劝谏君主把握敬慎与周密的道理，防止自身被民众所颠覆。

---

① 黄道周：《缁衣集传》，影印文渊阁《四库全书》第 122 册，第 1074 页。

三、心体之喻：同构，感通，平等

心体之喻是《缁衣》原经文中固有的，这也是儒家将君民关系比喻为心与体的源头。《礼记·缁衣》载"民以君为心，君以民为体。心庄则体舒，心肃则容敬。心好之，身必安之；君好之，民必欲之。心以体全，亦以体伤；君以民存，亦以民亡"，意思是心是身的引导，君是民的引导，而心的存亡要依赖于身，君的存亡要依赖于民，体现了心与身、君与民相互依存的特点。

《缁衣集传》对这一心体之喻进行诠释时，一并将君民的山地之喻纳入考察范围。山地之喻是明代早期丘浚的一个说法："山高出于地而反附著于地，犹君居民之上而反依附于民。何也？盖君之所以为君者，以其有民也；君而无民，则君何所依以为君哉？"① 意思是君主看似高高在上，凌驾于民众之上，实际上正是以民众作为基础。在这一诠释思想中，君主之所以能成为君主，已经不是在强调天子受命于天的观念，而是君主受到民众的拥护才成为君主。这已经不是强调君权神授或天命的观念，而是需要百姓之众望所归，也就是说君权不是来自天命，而是来自自身的德行。

相较而言，《缁衣》心体之喻的"君好之，民必欲之"似乎

---

① 丘浚：《大学衍义补》，影印文渊阁《四库全书》第712册，台北：商务印书馆，1986年，第182页。

就是一种绝对的服从，民众缺乏做出选择的主体性。那么，黄道周将山地之喻与心体之喻联系起来进行阐述，会有什么独到的诠释视角与特殊的时代痕迹呢？《缁衣集传》载：

> 《易》"山附于地，剥；上以厚下安宅"，何谓也？山于地其体一也，地厚则山隆，地崇则山峻。剥地以为山，其山不尊。故曰厚者，高之基也；下者，上之宅也。托山于地，托身于床，其下滋厚，则其上滋安。故二曰床辨，四曰床肤，言其渐亲于身也。①

黄道周以其擅长的易学作辅助性的诠释，运用《周易·剥卦》解释山地之喻，认为山与地和心与身是一样的道理，都是一体而不可分割的。如果地的基础越厚，位于此地的山就显得越高；如果通过往下挖掘平地，来突显山的高度，这样的山反而不尊贵。这是通过自然界的现象，说明如果君主获得民众的拥护，就显得尊贵；如果通过剥削民众，来突显自己的尊贵，会适得其反。基于这样的道理，黄道周相应地提出他的政治主张：地作为山的基础，人民作为君主的基础，山要将自己委托于地，也就是山与地要亲密无间，由此就可以相互成全，地变得更加厚实，山也因此变得更加安稳。黄道周对山地之喻的这

---

① 黄道周：《缁衣集传》，影印文渊阁《四库全书》第 122 册，第 1079页。

一解释，让君民关系由传统的相互依存，发展成为相互成全，这是往前进了一大步。实际上，这一点仍然是主张君民之间应当关系亲密、情感相通。

剥卦说的也是这个道理。一个人将身体委托于床，最初还能够区分身体和床，后来就不分彼此了。这就是从剥卦六二到六四的发展过程所体现的。黄道周在此以《易》做诠释，并没有完全依据剥卦六二、六四爻辞的传统主流解释，他所展现的主要是从六二"床辨"发展到六四"床肤"的一个渐进过程，也就是君民关系逐渐密切，最终成为不分你我的过程。但是黄道周认为，这样的山地之喻还是不如心体之喻更能说明君民之间的亲爱关系。《缁衣集传》载：

> 虽然，不若心与体之亲也。心之与体一之而不可贰也，其体用同则其动静同，动静同则其敬肆同，敬肆同则其苦乐休戚同。然而心为其主矣。爪发皮膜，皆体也，则亦皆心。伤其心而爪发皮膜皆瘁，故伤其爪发皮膜而心亦皆痛矣。故古之喻君民者，则未有亲切于此也。①

如果说山地之喻强调的是不分你我的一体化，那么心体之喻则不仅强调这一点，还突出了君民之间的感通。这样的亲密

---

① 黄道周：《缁衣集传》，影印文渊阁《四库全书》第122册，第1079页。

关系无疑是更进一步。心与身一样是不可分割，因为二者的本体与发用是相同的，那么二者所展现的动静也是相同的，二者所表现出来恭敬或轻慢的态度也是相同的，二者在苦痛、快乐的情感上也一样是相同的。

但是我们在说心体之喻的时候，常常会补充强调一点，就是君主处于心的地位，是处于主要的地位，也就是说君主在君民关系中处于主体、主导、主动的地位，然而这样的君民关系岂不是又成为不平等的关系！黄道周也意识到了这一点，他的君民平等的观念与这种对心体之喻的传统认识有所相悖，因而黄道周特意就这种观点展开辩论。他并没有否定传统的认识，一样承认心在心体关系中处于主体地位，但是他说人的发肤既是属于体，同时属于心，也就是说民众既是体的部分，也是心的部分。这与以往的认识截然不同，从身体的结构上看，人的发肤属于体而不是心，并且《缁衣》原经文当中已经明确将君主定义为心，将民众定义为体。而黄道周认为民众既是体，又是心，他的理由何在呢？因为如果伤及心的话，那么发肤会衰败；伤及发肤的话，心也会感到伤痛。所以发肤虽属于体的部分，但从某种意义上讲，也是心。也就是说身心同构，神气感通，发肤与心在主体上只有一，而不可分为二。所以君主与民众在政治上都具有相同的主体性，二者是平等的，黄道周所倡导的君民亲爱关系需要建立在这种平等的基础上。

我们可以发现，不同的人对山地之喻与心体之喻的认识会有所不同。虽然都是基于同一个比喻，但所谓比喻实际上只是一个解释的出发点，人们并不在意这些比喻的原意到底是什么，只有怎样对这些比喻做出解释以及做出怎样的解释，才是真正具有解释学价值的东西。而黄道周对君民的心体之喻的诠释，并不是对传统观念的简单否定，而是扬弃与超越了以往对心体之喻的认识，体现了新时代对平等价值的诉求。

基于黄道周所诠释的心体之喻的义理，我们再反过来看《周易·剥卦》。《缁衣集传》载：

> 五官股肱以为大臣，腑脏肠胃以为内宠，内宠失序则五官负坠。《剥》之六五曰"贯鱼以宫人宠，无不利"，宫府之亲，其义一也。圣人之治天下，皆如宫人，则其爱爪发皆犹之腑脏也。然则《剥》之六三"剥之，无咎"，何也？曰是或可剥者也。在上下之际而不中，犹之弊民也。天下有弊民，无弊体，夫亦取其无咎而已矣。无咎则庄，庄则肃，肃则安，安则存，存则不亡。[1]

黄道周将身体部分的爪发肤膜视为民众，将五官股肱视为大臣，将腑脏肠胃视为内宠。根据他的心体之喻的理论，伤及身体的任意一处就会牵涉到身体的其他部位，所以即便是不被儒家所重视的内宠嫔妃，一旦混乱失序，也会引起朝纲上下的

---

[1] 黄道周：《缁衣集传》，影印文渊阁《四库全书》第 122 册，第 1079 页。

衰败。这就是剥卦六五爻辞"贯鱼以宫人宠，无不利"的道理，说明君主、内宠、大臣、民众等在整个国家政治当中都是一体的。

　　但是为什么剥卦六三说"剥之，无咎"？黄道周认为这里所剥的对象是弊民。那么如何确定所剥对象是弊民呢？因为这一类人在剥卦六爻当中正处于六三的位置，上下之间但又不中，故为找不到位置的弊民。可以发现，黄道周虽然肯定人的本性是至善，但他承认在现实的民众当中是存在有善有恶的。不过弊民也是民众的一部分，为何可以剥除呢？黄道周认为天下存在着弊民，这是现实当中确实存在的现象，但是人的身体不应该有败坏的部分，所以弊民不应该成为国家政治之身体的一部分。这样的论证方式实际上是利用实然与应然的不同来阐释的，也就是说弊民确实存在，但是不应该存在，所以可以剥除。如果我们坚持说"存在就是真理"，那么这个"真理"则不一定是善的，而黄道周所追求的就不再是现实存在与否的真理，而是应然层面的至善。

　　所以弊民是可以剥除的，不过弊民终究也是民众的一部分，对民众中之弊民的剥除，顶多也只是不产生灾害而已。不产生灾害的话，国家政治就能够庄重肃穆，就能够安治而长存。应该说，长治久安是任何政体的基本追求，在儒家的政治思想学说也不例外。总之，《周易·剥卦》所展现山地之喻与心体之喻的内涵，能够极为恰当地表达黄道周的政治思想与主张。

四、新民本思想及对"阳儒阴法"的救治

通过天爱日月、地爱风雨的比喻，黄道周主张君民之间应当情感相通，互相亲爱。但是情感上的亲爱并不意味着君民之间亲密到亵狎的程度，所以君主应当保持敬慎的态度，对天下事务须考虑周密详致，这是黄道周所要阐发的舟水之喻的道理。基于此，君民之间最好的状态就是君民同构、感通、平等。《缁衣集传》所展现的一系列政治主张，其背后蕴含着深刻的儒家民本思想，这是作为理论来源与根基的部分；晚明时期的一系列问题，又为黄道周的民本思想添加了全新的时代色彩。

首先，需要明确的一点是在黄道周的政治思想当中，传统政治制度的大框架是没有变的，"王者于天下犹一堂之上也"①，也就是说君民之间的上下尊卑关系是没有变的，而且这一层制度是不可动摇、不可讨论的。例如黄道周说"慎言之难也，至于王言而极矣。王言之发，天下传之，万世垂之。其细者，丽于喜怒，刑成而不可改；其大者，著于祸败，机动而不可悔"②，这是君主制的典型特征，王言之难实际上意味着集权在身之难，也就是说王言之难预设了集权在身这样一个前提，而这一个前提就是不可动摇、不可讨论的。可以发现，黄道周论治道，是

---

① 黄道周：《缁衣集传》，影印文渊阁《四库全书》第 122 册，第 1015 页。
② 黄道周：《缁衣集传》，影印文渊阁《四库全书》第 122 册，第 1030 页。

提出自己的政治主张，即劝谏君主应当如何治理天下，比如他主张君主应当以诚御天下，而不是以术驭天下，这就意味着国家的治理者与操控者实是君主，而不是民众。

在这一点上，黄道周没有像后一辈的几位思想家（黄宗羲、顾炎武、王夫之、唐甄等）那样走得那么远。但是在黄道周的政治思想中，臣民的政治主体性已经彰显出来了，这是其政治思想的最大特点。臣民的政治主体性在本章节前面已有论述，君主与臣民就好比教师与学生的关系，教师与学生在人性与人格上是平等的，学生在教学过程中具有主体性，可以选择从学或者逃离，但是教授知识的人是教师，被教授知识的人是学生，这一模式不可改变。虽然《礼记·学记》有"教学相长"的说法，但是在传统社会中，所谓"学"，并不是指教师向学生学习。所以学生处于被教授知识的位置，与其自身具有主体性，二者是不矛盾的。在黄道周的政治思想中，君主与臣民的关系也是一样的道理。

由于臣民具有政治主体性，这就迫使君主在治理天下的过程中，不得不考虑臣民的需求。因为国家政治是由君主与臣民共同构成的，如果臣民不参与到政治中（即参与被统治和教化），就无所谓国家政治，甚至整个国家将四分五裂，离为散沙。黄道周就是在这样的前提下，主张君民之间情感相通。君民情感上的相通，可以将君主自己与民众牢牢地捆绑在一起，使国家政治成为一个完整有机的整体，使国家成为一个由情感缔结在一起的大家庭。

这样的民本思想不仅蕴含着对民众的重视，而且在君民情感相通的主张中，预设了君主与臣民的人性是一样的，即君民同构，所以实际上其中已经蕴含着君民平等的价值诉求。这是明末时期民本思想的一个全新的特征。有关明末唐甄的新民本思想的研究，认为唐甄对君民关系的阐发具有三方面特点，其中第三方面关于君民人格平等的思想具有划时代的意义；作者引用了朱义禄评价唐甄的一段话"唐甄对政治文化批判之深刻，不在于他有'帝王皆贼'的异端思想，而在于'天子虽尊亦人'的平等意识"，指出"正是对君民在人格上和人性上平等的认识，使唐甄等人的新民本思想得到了升华，从而具有启蒙的意义"。[①] 我们可以发现，唐甄新民本思想中所谓划时代意义的理论，实际上在黄道周的民本思想中已经显现，而且是较为成熟的了。

黄道周的民本思想具有明末时期明显的时代特征，尤其是

---

① 谢贵安《从唐甄对君民关系的考察看其新民本思想》一文的观点：第一层面为唐甄要求君主"与民同情"；第二层面为唐甄要求民众也能够以"同情"的方法对待君主；第三层面是新民本思想家在人性层面上把天子还原为人的努力和追求。谢氏指出其中第一个层面，从历史上来看，唐甄认为君民关系是压迫与被压迫的关系；第二个层面，从社会关系上来看，认为君民之间处在政治机体的不同部位，是心与身的关系。所以唐甄民本思想的这两个层面与传统民本思想并无本质区别。[见谢贵安：《从唐甄对君民关系的考察看其新民本思想》，《武汉大学学报（人文科学版）》2002年第5期] 笔者认为，黄道周早已明确提出君民之间情感相通的政治主张，并且根据本文前半部分所论述，黄道周的心体之喻与传统的民本思想已有较大区别，是对传统心体之喻的扬弃与超越。

在君民人性与人格平等这一点上，更是代表了民本思想发展的新趋势。黄道周主张君民之间情感相通，目的是以此救治明代君主集权专制与统治阶层刑罚严苛的一系列问题，而这些问题被清代以来的学者称为"阳儒阴法"的现象，一般来说，"阳儒阴法"往往指汉代的政治特征，或者从广泛意义上说是秦汉以后的整体政治特征，而明代是中国古代集权专制变本加厉的朝代，处于晚明时期的黄道周似乎已经意识到他的时代存在"阳儒阴法"的现象，所以他不止在《缁衣集传》中屡屡表达君民之间情感相通的救治办法，可以说这是其政治思想中极为重要的一点，在其他著述中也多次明确提出来，譬如同为他的后期经学著作的《月令明义》也是同样的基调，"一方面突出强调以民为本，另一方面则规劝'人主宽大、敬慎、爱人'，实则以情感沟通君臣上下的关系，拉近二者阔绝的距离"①。

对明代"阳儒阴法"现象的反思，首先集中在对"法"的批判上。除了上文所举反对以术治天下，黄道周还多次对刑罚提出批判。② 权术与刑罚无疑是法家政治思想的重要特征，黄道周正是通过对法家治道的批判，来为儒家倡导君民相通一体的

---

① 蔡杰、翟奎凤：《易学视野下的〈月令〉新诠——黄道周〈月令明义〉研究》，《周易研究》2018 年第 3 期。
② 黄道周对刑罚的批判在《缁衣集传》中屡有所见，譬如"民既不服，而后为刑威以治之，虽集干戈、丛斧钺而已不足矣"（《不烦章》）；"今郡国被刑而死者岁以万计，天下狱二千余所，其所冤死，何可胜数？"（《不烦章》）"刑者，非所孙心之具也"（《孙心章》）；"政教者，非刑赏之谓也"（《成教章》）；等等。

主张肃清了道路。① 也就是说，黄道周实则是剥离"阳儒阴法"中的"阴法"，使政治恢复为纯粹的儒家颜色，这是作为一代醇儒的政治诉求。所以我们也必须意识到，黄道周实际上是在儒家政治思想的框架之内，对其时代的政治问题提出救治的办法。也因此，他没有像清初思想家们那样走得那么远，对秦汉以来的整个传统政治制度提出强烈的批判与控诉，譬如黄宗羲说"为天下之大害者，君而已矣"②，唐甄更是无所忌惮地批判"自秦以来，凡为帝王者皆贼也"③。

所以我们说，黄道周的政治思想应该仍属于民本的范畴，而没有发展出民主的意识。所谓民本，亦即以民为本，其内涵并不是以君为末，而是君主在治理天下的过程中以民众的事务为本，以民众之外的其他政事为末，也就是说民是政事的一部分，而且是处于最重要的、第一位的那一部分。这与清末民初思想家所主张的"生民之初，本无所谓君臣，则皆民也。民不能相治，亦不暇治，于是共举一民为君。……夫曰共举之，则因有民而后有君；君末也，民本也"④，具有本质的区别。就像牟宗三先生所说："中国以往知识分子只向治道用心，而始终不

---

① 法家思想中的君臣关系，正如李源澄所说："在韩非看来，君臣的关系，完全不是以义合的，而是上下相市。人君以尊官厚禄给与臣下，臣下为人君效忠，就是在取得尊官厚禄。"（李源澄：《与陈独秀论孔子与中国》，《李源澄儒学论集》，成都：四川大学出版社，2010年，第153页）
② 黄宗羲：《原君》，《明夷待访录》，第5页。
③ 唐甄：《室语》，《潜书》，第196页。
④ 谭嗣同：《仁学》，北京：中华书局，1958年，第50页。

向政道处用心。"① 黄道周并没有反思民众应当如何获得自身的政治权利，或者如何成为国家政治的把控者。我们在黄道周的政治思想中找不到现代意义的民主思想苗头，因为这其实对传统儒家的政治模式具有颠覆作用。

当然，我们没有必要以现代西方的民主观念，来苛责中国古人没有指出民主的道路。因为无论如何，黄道周的政治思想秉承东林的余绪，主张调和晚明时期君民之间的矛盾，可以说已经站在了时代思想的最前沿。虽然黄道周不如清初思想家们在民本的道路上走得那么远、那么极端，但是清初那一群批判家思想中的闪光点，其实基本都能在黄道周那里找到端绪。如果一定要对黄道周批评一下，就是他在经受崇祯皇帝残酷的八十廷杖之后，仍然执着地将国家政治的希望寄托于君主身上。

---

① 牟宗三：《历史哲学》，吴兴文主编：《牟宗三文集》，长春：吉林出版集团有限责任公司，2015 年，第 178 页。

第八章

政治教化思想的开展

儒家治道思想的一个核心问题，是礼乐教化与政治刑赏之间的张力问题。① 对这一问题的反思与处理，也是历代儒者政治主张中的重要部分。黄道周的政教思想具有一定的代表性，同时深刻体现晚明"思想大解放"时代的政治关切。

一、对法令、权术的反思与批判

如果说政治的底线在于维护社会安定，即所谓防患防乱的"坊民"② 思想，而在传统儒家的观念中，防患防乱的最有效办法并不是政治上的法令与权术，而是礼乐教化。黄道周的政教

---

① 需要说明的是，此处"政教"是指传统儒家视域中的礼乐教化与政治刑赏，如"今朕不知明德所则，政教所行"（《逸周书·本典》），"内修政教，外应诸侯"（《史记·老子韩非列传》），而与西方文化中政治与宗教的模式有一定的区别。

② "坊民"的"坊"，古同"防"，是防范、提防的意思。郑玄对《坊记》题目解释为"名坊记者，以其记六艺之义所以坊人之失也"。

思想的重点，就在于突显出教化的坊民作用："以旧坊为无所用而坏之者，必有水败；以旧礼为无所用而弃之者，必有乱患。"① 我们分析其政教思想的第一步，其实就是理解其对法令、权术的反思批判。

就权术而言，黄道周认为权术是小人的行为与乱世的根源："易事则可望而知矣，易知则可述而志矣。可望而知则不疑，可述而志则不惑，故权数相御，乱世之道也。"② 黄道周主张君臣之间应当是通透明朗，即易事易知，而不是互相猜忌，以权术相互对抗，从而形成敌对的关系。一个潜在的问题就是，朝廷上下形成敌对的关系，为何就是乱世之道？因为可能有人会作出这样的理解，君臣上下以权术相御，反倒是一种权力制衡。在儒家看来，君、臣、民构成一个政治共同体，如果彼此之间是权力制衡的关系，那么所体现的是一种彼此对立对抗的形态，这就意味着这种观点的着眼点在于每一个部分（君、臣或民）的独立性，而不是由君、臣、民共同构成的整体。只有君、臣、民相通一体，政治才是完整的状态，而不是彼此割裂、破碎不堪从而导致整体层面的乱世。所以儒家在政治哲学上，展示的是一个更为宏观、更重整体的视角。

既然权谋手段是乱世的根源，就应当摒弃。黄道周批评说：

① 黄道周：《坊记集传》，影印文渊阁《四库全书》第 122 册，台北：商务印书馆，1986 年，第 929 页。

② 黄道周：《缁衣集传》，影印文渊阁《四库全书》第 122 册，第 1046 页。

"讼狱繁兴，盗贼滋有，虽圣人治之而有不治也。故以术驭天下，尧舜有不给之术。……上下相疑，治道愈荒。"① 意思是，权术相御意味着上下之间相互猜忌，这又反过来导致更加以权术为手段，进行防治天下。然而越是防治，越是盗贼滋生，于是形成一个恶性循环，最终这种政治体系只能走向崩溃。在这里，黄道周批判以权术治理天下，主要是为了论证"以诚御天下"，而儒家思想中的诚明是属于德性修为的范畴。所以我们可以发现，对诚明的提倡与对权术的否定，实际上显示了儒家强调德行伦理层面的有为与政治权谋层面的无为。

就法令而言，黄道周对政治上的法律宪令虽然没有绝对的否定，但也持批判的态度："君子考言以为教，教以导人；考行以为法，法以禁人。故道人者非令，禁人者非宪也。宪令之行，非久必敝，故君子以法托人，不以人托法。法托于人者安，人托于法者危。以法托人则可以百世，以人托法则不可以一世也。"② 这里所强调的是君子的言行能够起到教化与被人效仿的作用，也就是说君子自身的言行如果是善的，民众会从心里产生认同，从而自愿地追随效仿。与此相反，黄道周所批判的恰恰是具有强制性质的外在的法律宪令，认为法律宪令实际上不足以指引人们行善或者禁止人们作恶。黄道周对此的论证理由

① 黄道周：《缁衣集传》，影印文渊阁《四库全书》第 122 册，第 1053 页。
② 黄道周：《缁衣集传》，影印文渊阁《四库全书》第 122 册，第 1036 页。

主要从法律宪令的时间寿命长短出发，认为一切法律宪令都不是持久永恒的，法律宪令一经制定，只要时间一长就会暴露出弊端，不再适应于当下实际。所以黄道周指出人不能依附于规则，规则应当依附于人，因为规则是死的，人是活的，只有活的东西才能够应对现实的变化发展，即"变则通，通则久"；由此就推出规则是短暂的，人才是永久的。

对于时间长短的判断标准，可以看到黄道周有一个潜在的预设，就是能够持久的事物是好的，短暂的事物是不好的。时间上的长久就传统政治思想而言，意味着长治久安，也就是说"久"即意味着"安"。黄道周最后以朝政的安危与长短，来展开对法令的批判。他认为如果是人依附于法令规则，朝政就有危险短暂；如果法令规则依附于人，朝政则能长久安治。我们可以发现，黄道周对法令的批判，并没有彻底否定法令，而是为了突出人的意义。

这样就不得不面对一个棘手的问题：这里的"人"指的是谁？这里的"人"实际上指的是能够法天行道的人，这里的"人"在政治上的行为所依凭的不是个体的私欲，而是天地意义上的"道"。因为法律宪令是短暂的，而"道"是永恒与值得依赖的。所以所谓"人治"，从根本上说就是天治、道治。由于儒家的"天"并不具有明显的人格神意义，所以由贤明之人来替天行道，这就是"人治"的根本内涵。

二、"敬明"作为政治教化的根本

除了对政治上的权术、法令进行批判，黄道周对政治刑赏也予以反思。他对刑赏的反思与批判是贯穿其整个政治思想体系的，并且往往涉及与教化的比较。《礼记·缁衣》云："政之不行也，教之不成也，爵禄不足劝也，刑罚不足耻也，故上不可以亵刑而轻爵，《康诰》曰'敬明乃罚'，《甫刑》曰'播刑之不迪'。"大致意思为：政令之所以不能实行，教化之所以不能成功，是因为爵禄不足以鼓励人们，刑罚不足以让人知耻，所以居于上者不可以刑法为防民之术，或者轻易赐封爵位，《康诰》说需要敬慎严明地使用刑罚，《甫刑》说需要效法伯夷的布刑之道。

对《礼记·缁衣》这一段经文，可以提出两个问题：一、这段话主要讨论的是政教与刑赏的关系，而滥用刑赏必然导致政教崩溃吗？或者说，滥用刑赏是如何导致政教崩溃的？二、这段话所讨论的除了政教与刑赏的关系，"敬明"在二者关系中的地位到底如何？并且，敬明对政教具有怎样的作用？黄道周对上述问题的回应为：

> 敬者，政之本也；明者，敬之用也。人主不以敬明治其身，而欲以政教治天下，其势必滥赏而重罚，滥赏而重罚必亵刑而轻爵，亵刑轻爵则小人杂进、君子引避。政之不行，教之

不成，则必由此矣。故政教者，非刑赏之谓也。[1]

　　这段话明确提出政教不等于刑赏的观点，其论证方式是以敬明一涵作为出发点，一环一环地推论至政教如何崩溃。首先是敬明一涵的展开，历代注家也关注到了这一点，虽然《礼记正义》《尚书正义》均未对"敬明"一涵进行义理上的阐发，但宋儒陈祥道注云："敬明乃罚者，敬以致其谨，明以致其察。"[2] 陈经注云："敬明乃罚，惟敬则能明，盖不敬则怠忽之心蔽之，而用刑必有不得其当者矣。上言明德亦曰敬哉，此言慎罚亦曰敬明，是敬心无时而敢忘也。"[3] 应该说陈祥道、陈经等人的解释以及《缁衣》原文的大意，只是将"敬明"作为君主对待刑罚的一种态度或者方法。

　　黄道周则从哲学的层面，阐明"敬"与"明"是体用关系。所谓"政之本"，是说"敬"是现实政治背后的本体，即政治的形上依据。"敬"之一涵在黄道周的哲学思想体系当中，常常具有本体意义："以敬为建极之本，盖万物之生，非敬不聚。"[4]"敬以成始，敬以成终。"[5] 此处强调"敬"是万物得以成形的

① 黄道周：《缁衣集传》，影印文渊阁《四库全书》第 122 册，第 1059 页。

② 卫湜：《礼记集说》，影印文渊阁《四库全书》第 120 册，第 448 页。

③ 陈经：《陈氏尚书详解》，影印文渊阁《四库全书》第 59 册，台北：商务印书馆，1986 年，第 279 页。

④ 黄道周：《洪范明义》，影印文渊阁《四库全书》第 64 册，第 817 页。

⑤ 黄道周：《孝经集传》，第 6 页。

道理依据，是贯穿于万物之始终的，所以"敬"就是一国政治之依据，而"明"是"敬"之用。此所谓的"用"，是说"明"是"敬"的发用、功用与显现，也就是政治的良好运行。所以"敬"与"明"在这里是哲学意义上的体用关系，而体用的概念是宋明理学家经常运用的解经术语，黄道周作为理学家，难免以理学的思维、哲学的方式进行解经。从这一点上看，这是借鉴与继承宋儒而不同于汉儒解经的诠释方式。

"敬明"之于政治，不单单是局限于概念诠释的意义，"敬明"在德行论的层面也仍然发挥重要作用。所谓德行实际上专指君主而言，陈经的解释也涉及这一点，他主张君主应时时保持敬畏之心，避免怠忽之心的遮蔽，由此避免用刑不当。黄道周也强调君主应当先以"敬明"修身，然后可避免滥于赏罚、轻于刑爵，得以"敬明"治天下，亦即从修身一直到治天下的开展，体现儒家内圣外王的进路。在黄道周哲学思想当中，"敬"一涵不仅具有本体论意义，而且贯穿于黄道周的整个工夫论，甚至可以说是其工夫论的核心部分。一方面，在个人的修养层面，黄道周反对"主静"而主张"主敬"："随寓能安，入群不乱，不要光光在静处坐寻起生义。"[①] 意思是，人在静处与动处都需要持敬的工夫，因而"以敬去修己，才有本体工夫，

是圣贤将法作身"①。另一方面，黄道周将"主敬"的工夫由修身推广至齐家治国："人主著敬，敬则心体明清，与天同道。敬庶民与敬士大夫，敬天地祖宗与敬身岂有分别？人主一息不敬，便有侮慢自贤、反道败德的事。"② 所以持敬是君主治理国家的根本。

可以发现，"敬明"一涵在黄道周的思想中，上通本体，下贯工夫，而且在其工夫论的范畴之内，主张由修身到治国的整个过程都需要持敬工夫。在正面论述"敬明"的观点之后，我们可以转向考察黄道周对刑赏的批判。

三、刑赏与政教的关系

敬明与刑赏，在政治运作中是两种截然不同的方式。从上一节的论述可以发现，黄道周做出一个假设，如果君主舍弃敬明的方式而想要进行政治的运作，就只能选择刑赏的方式。刑赏的方式单从政治手段上讲，本是没有善恶、好坏的评判；但是刑赏的方式如果没有敬明的观照与制约，会使君主滥于赏赐或者重于惩罚，更加演进一步则是以刑威作为防民工具。这里存在一个相关的问题：滥刑轻爵如何导致"政之不行，教之不成"呢？

---

① 黄道周：《榕坛问业》，影印文渊阁《四库全书》第 717 册，第 468 页。

② 黄道周：《榕坛问业》，影印文渊阁《四库全书》第 717 册，第 463 页。

在回答这一问题之前，我们还应该注意到宋代的一些解释中，出现一种完全相反的推衍模式，即不是理解为滥刑轻爵导致政教崩溃，反而是解释为政教崩溃导致滥刑轻爵。例如马睎孟认为"政教者，爵禄刑罚之本；爵禄刑罚者，政教之一端。……世衰道微，政教不立，虽加以爵赏而不足劝，加以刑罚而不足耻，盖不知善恶之所在故也"①，意思为政教是本，刑赏是末，是由政教崩溃而导致的滥刑轻爵，政教崩溃的原因则在于世道衰微。再如陈祥道认为："政之不行，教之不成，则上失其本，而区区于爵禄刑罚之末，则人将有不从者矣。故虽爵禄之荣，人情所甚欲也，且不足以劝其为善；刑罚之威，人情所甚恶也，且不足以耻其为恶。爵禄不足劝，则轻爵以予人，犹无益也，故上不可以轻爵；刑罚不足耻，则亵刑以加物，犹不足禁也"②，意思为政教与刑赏仍是本末关系，如果君主逐末而舍本，致使末失其本，就容易形成滥刑轻爵的现象。又如叶梦得认为"政以养民者也，教以率民者也，养之备，教之详，然后爵禄以劝善，刑罚以惩恶，则民孰不劝且耻乎？不先于教民劝且耻，则刑之用也亵，爵之用也轻"③，意思是政教详备的话，刑赏自然能够发挥作用，否则就容易滥用轻用。

在上述多位宋儒的解释中，政教为本，刑赏为末，政教之本决定了刑赏之末，也就是说政教详备则刑赏清明，政教崩溃

---

① 卫湜：《礼记集说》，影印文渊阁《四库全书》第120册，第448页。
② 卫湜：《礼记集说》，影印文渊阁《四库全书》第120册，第448页。
③ 卫湜：《礼记集说》，影印文渊阁《四库全书》第120册，第449页。

则刑赏褒轻。其推衍模式为"政教→刑赏",而黄道周的解释恰恰相反,是由滥刑轻爵导致政教崩溃,其推衍模式为"刑赏→政教"。与黄道周的解释相类者,比如孔颖达在《礼记正义》的解释是全引皇侃的说法:"在上政令所以不行,教化所以不成者,只由君上爵禄加于小人,不足劝人为善也。由刑罚加于无罪之人,不足耻其为恶;由赏罚失所,故致政之不行、教之不成也。"① 我们可以将皇侃、孔颖达、黄道周等人视为此种观点的代表。那么,前后两种观点的区别在哪里?其区别的原因又是什么呢?

在前一种观点看来,即上述几位宋儒的解释,他们所强调的是教化,或者说在他们的解释中,教化是一种手段,其目的也是在于对人们的劝善禁恶。在他们的解释中,"刑赏"的出现不过是检验教化是否成功的一种办法,即检验对人们的劝善禁恶是否有成效。所以作为检验教化之用的刑赏这个"末",是可以忽略不计的,因而他们的解释重心也不是在政治的层面,而主要是在德行层面的展开,亦即目的在于对人们的美德教化,而不是通过政治手段治理国家。但是宋儒这样的解释,与《缁衣》原文的旨意是有一定出入的,因为在他们的解释中,教化是居于主要地位的,或者说占据解释的大部分内容,而刑赏已经不再是讨论的重点,然而《缁衣》原文所强调的恰恰是对刑赏的批判。

---

① 阮元校刻:《十三经注疏》,第 3578 页。

相较而言，在黄道周的解释中，敬明和刑赏都是政教的手段，他所重点讨论的是刑赏这一种政治手段，所以这一解释主要是在政治的层面展开，突出治道的意义；同时，敬明在他的思想中也不是纯粹的德性义涵，而是一种政治教化。基于此，可以说黄道周这一政治思想与皇侃、孔颖达等人的比较一致，而且可能会更加接近《缁衣》的原意。

之所以出现如此两种不同的解释，原因在于宋儒更多是在内圣的德行层面徘徊，纠结于伦理行为上的善恶；皇侃、黄道周等人则是注重在外王的政治层面展开，侧重于经世致用的治道。事实上，这样的诠释差异正好体现汉宋学术思想的不同。宋儒的内圣思想在于教化每个人成为圣贤，所以劝善禁恶是针对所有人来讲的，体现了宋儒思想中人本主义的特点；汉唐儒者以及晚明黄道周的外王思想，则是更加侧重于在政治层面彰显王道，即专门针对君主而言，体现了汉唐儒者政治思想的皇极意识。从这一点上看，黄道周此处的解释是吸纳与继承汉唐儒者的政治思想，而与宋儒略有区别。我们说黄道周的思想具有兼容汉宋的特点，析而言之，黄道周的内圣主张主要是吸纳宋明理学，其外王主张则是继承汉唐思想，一方面体现了兼容汉宋的治学特点，一方面也是晚明时期出现回归"六经"、经世致用思潮的一个良好说明。

我们回到皇侃、黄道周等人所持"刑赏→政教"的观点，要从滥刑轻爵导致政教崩溃，其间是一种怎样的推导关系？皇侃认为爵禄施于小人，刑罚施于无罪之人，也就是出现了刑赏失当的情况，从而导致政教崩溃。但是刑赏失当，可以直接导致政教崩溃吗？黄道周的观点的创新之处在于加入了一个推衍环节，就是引进君子与小人的概念，认为君主若是滥刑轻爵，小人会趁机而入，而君子只能无奈引退。朝廷之上，如果君子隐退而小人当道，必然朝纲大乱，政教崩溃。所以黄道周的推论模式，可以详细表达为"刑赏失当→小人进而君子退→政教崩溃"的模式。

进一步分析，我们反思黄道周之所以引进君子小人的概念，其灵感来源有可能是因为晚明时期朝廷政局上党派林立的实况。尤其是当时阉党与东林人士之间的对立与矛盾十分尖锐，黄道周卷入两个党派的政治斗争当中，他的立场与东林较为接近，因而极其痛恨与蔑视阉党，曾经以书官的身份一反膝行的惯例，平步进书，"逆珰连目慑之，不为动"。[1] 所以黄道周引进君子小人之辨，毋宁说君子指向东林人士，小人则直指阉党；黄道周的政治主张，则隐约带有劝谏君主明辨君子与小人的政治目的。

我们可以发现，为了防止滥刑轻爵、政教不行，为了实现美好愿景，最终的希望还是落到君主对君子小人之辨上。从表面上看，刑赏是完全依赖于君主的，而且没有一套法律法规加以制约；事实上，我们应该看到刑赏并不是单纯地依赖于君主，准确地说应该是依赖于君主身上的美德，也就是上一节所讨论

---

[1]　侯真平、娄曾泉校点：《黄道周年谱·附传记》，福州：福建人民出版社，1999年，第119页。

的敬明修身。那么，政教的希望将寄托于哪里？其实就是不可或缺、不可分割的两方面，其一为君主，其二为美德。君主体现的是礼法上的政治权威，美德体现的是治道上的根源价值，而其终极依据实际上是君主身上的美德，也就是说重点是在于美德。因为美德体现了客观的绝对的天道，而不是任由君主个人的随心所欲。从这一点出发，共同体中的人民的美德在于顺应天道、安分守己，君主的美德则在于效法天道、治理天下，二者的契合点正好在于达成社会共同体的安定。

四、对刑赏的反思与扬弃

从上文的推论模式中，我们可以发现黄道周对作为政治手段之一的刑赏的批判。批判并不意味着全盘否定，那么黄道周对刑赏的具体态度又是如何呢？上文我们已经论述完全依赖于刑赏会导致政教崩溃，而黄道周更进一步，说明了如果政教不行还要依赖于刑赏，势必导致诸多社会乱象："政教失而求之刑赏，犹风雨失而求之雩祀也。其雩祀愈烦，而风雨愈失。风雨失而雩祀烦，则农商绌，而巫觋坐贵也。"① 此处运用一个比喻，以风雨比喻政教，以雩祀比喻刑赏，认为当风雨不调时，还要祈求风雨于雩祀，雩祀越多反过来会导致风雨更加不调，从而形成一个恶性循环。其根本原因在于将精力大量地投在雩祀上

---

① 黄道周：《缁衣集传》，影印文渊阁《四库全书》第 122 册，第 1059 页。

面，而忽略了祈求风雨的真正目的——农事，会导致巫觋变得尊贵，而作为政教之本的农商不被重视，实际上就是舍本逐末。

值得一提的是，这一论述一方面体现黄道周在政治上并不完全迷信于雩祀，另一方面则体现黄道周对农商的重视。首先，黄道周并没有完全否定雩祀，而是主张不能完全依赖于祭祀，黄道周之所以直接以此作为论证的理由，间接说明了当时社会普遍的看法，即已经不是绝对迷信与依赖于祭祀，否则他的这一个比喻会失去力度。其次，作为儒者的黄道周十分重视农事，认为农事是为政之本，但是身为儒者并没有排斥商人，原因可能是明朝中后期商业十分兴盛的缘故，传统对商人的偏见在当时有所转变，所以黄道周得以将"商"与"农"并提，同样视为政治之本。应该说其对农事的重视来自儒家的传统观念，而对商业的重视来自时代观念。

回到政教与刑赏的问题，也是同样的道理，如果我们今天用科学的眼光看待巫术，巫术就属于奇巧淫技，而刑赏实际上也具有技巧的性质。儒家对技巧向来持贬低的态度，所以政教有失又求诸技巧性的刑赏，会导致政教愈失，这就构成了一个恶性循环。原因也是在于将政教视为本，将刑赏视为末，这一观点应该说与上文宋儒的看法是一致的。基于此，黄道周就坚决反对政教完全依赖于刑赏，因为刑赏在政治上绝不是万能的，不可过度使用。

一个潜在的问题是，千百年来儒家为何不提出废弃刑赏呢？我们说黄道周其实并没有完全否定刑赏，他实际上是扬弃了刑赏："然而必求之刑赏，何也？曰刑赏者，所以修政教之具也。"① 也就是说，政教虽不能完全依赖于刑赏，却不可废弃这一手段；刑赏是必要的，是作为辅助于政教的工具。

《礼记·月令》云："乃命百县雩祀百辟卿士有益于民者，以祈谷实。"黄道周解释："《公羊传》曰'《春秋》言雩则旱见，言旱则雩不见'，其实，旱不以祀废雩，不旱亦不以不雩废祀，故兼言之也。"② 黄道周所引《公羊传》这句话是说，《春秋》记载"大雩"，为何不说有旱灾呢？因为提到了雩祀，自然就意味着有旱灾，而如果只记载旱灾，后来的我们就不知道是否举行雩祀。黄道周对《公羊传》这句话又给出自己的解释，认为这句话是说遇到旱灾的时候不废弃雩祀，没有旱灾的时候不会因为雨水充足而不进行雩祀，这就兼顾了旱灾与雩祀的记载。黄道周多处运用雩祀的比喻，都有其政治目的的存在。何休解《公羊传》云："旱者，政教不施之应。"③ 基于此，我们上述多处关于旱灾与雩祀的思想诠释，反观政教与刑赏的关系，可以基本了解黄道周的政治思想是无论遇到怎样的情况，政教都不能废弃刑赏。

总而言之，黄道周的政教思想中，对权术、法令、刑赏等

① 黄道周：《缁衣集传》，影印文渊阁《四库全书》第122册，第1059页。

② 黄道周：《月令明义》，影印文渊阁《四库全书》第122册，台北：商务印书馆，1986年，第807页。此处引《公羊传》原文详为"大雩。大雩者何？旱祭也。然则何以不言旱？言雩则旱见，言旱则雩不见"。

③ 阮元校刻：《十三经注疏》，第4810页。

都持批判态度。尤其是在对待刑赏方面，黄道周往往将其与政教联系起来进行论述，认为刑赏作为政教的一种政治手段，政教不可完全依赖于刑赏，但又不能完全废弃，实际上是扬弃了刑赏。而政教之所以能够运行，其主要依据应该是"敬明"一涵，即君主以具有本体意义之"敬明"来修身，然后以"敬明"之工夫推广而治理天下。

第九章

政治教化的工具与目的

在论述《缁衣集传》政教思想的目的之前，相应地需要对其政教思想的政治手段进行阐述，也就是较为完整地呈现出"工具"与"目的"的关系。而《缁衣》原经文当中既谈论"工具"，又指明"目的"的章节，主要是"夫民，教之以德，齐之以礼，则民有格心；教之以政，齐之以刑，则民有遁心。故君民者，子以爱之，则民亲之；信以结之，则民不倍；恭以莅之，则民有孙心"，也就是《缁衣集传》命名的《孙心章》。该章大意为：如果用德行来教化民众，用礼乐来齐整民众，民众会有归附之心；如果用政令来教育民众，用刑罚来整顿民众，民众会有逃离之心。所以君主与民众之间的关系，如果君主以对待儿子的方式去对待民众，民众会亲附君主；如果君主以诚信来团结民众，民众不会背叛君主；如果君主以恭敬的心态来对待民众，民众会有顺服之心。

《礼记·缁衣》这段话受到历代儒者较为广泛的引用与关

注，尤其是其中"教之以德，齐之以礼"的言论，与《论语·
为政》"道之以政，齐之以刑，民免而无耻；道之以德，齐之以
礼，有耻且格"一句，可谓如出一辙。《礼记·缁衣》这段话的
前半句主要是讨论政治教化的"工具"，是说政治运作应当注重
美德与礼乐，而不是政令与刑罚；后半句则主要是讨论"工具"
所指向的政教目的，是说如果政治手段选择了德和礼之后，君
主能够"子爱、信结、恭莅"于民众，所能达到的政治目的就
是民众"亲、不倍、有孙心"于君主。应该说，《礼记·缁衣》
这段话较为完整地呈现出传统儒家对政教"工具"与"目的"
之关系的理解，亦即已经将儒家政教思想中所主张择取的政教
工具与所欲达到的政教目的，都较为明确地展现出来了。但是
对此可以提出两个问题：一是"子爱、信结、恭莅"是如何体
现德与礼的？二是德与礼或者说"子爱、信结、恭莅"这样的
政治工具，是如何达到儒家的政教目的？

一、政教工具的择取

黄道周继承传统儒家的注解，对在政治工具上为何重德礼
而轻政刑，做出了详致的诠释。《缁衣集传》载"刑赏皆礼也。
礼乐互根，至于刑则先王为辍乐。故刑者，非所孙心之具也"①，
意思是刑赏并不是使民众产生孙心的工具，礼乐才是能够达到

---

① 黄道周：《缁衣集传》，影印文渊阁《四库全书》第122册，第1021
页。

这一目的的工具。也就是说，其目的是民有孙心，亦即使民众
产生恭顺之心①；其工具是礼乐，而不是刑赏。为何黄道周明确
地提出采用礼乐而不采用刑赏呢？他的理由是如果政治手段只
采取刑赏，亦即如果只以刑赏治天下，那么作为明君圣王将
"辍乐"，也就是无法开展礼乐教化。所以礼乐才是使民有孙心
的正确工具，而刑赏可以在礼乐的制度之下运行。要而言之，
如果只采用刑赏，礼乐即废弃不作；如果采用礼乐，刑赏则可
以在礼乐制度下运行。

可以看到，黄道周并没有主张废弃刑赏，而是缩小了刑赏
的政治作用，将礼乐视为政治工具的主体，刑赏则可以说是一
种辅助性的工具。将礼乐与刑赏视为本末关系，这种观点其实
在宋儒那里已经有明确的阐释，例如马睎孟说"先王之为治亦
未尝废其刑政者，盖有德礼以为本，而以刑政为之助"②，就是
认为刑政不可废弃，德礼与刑政是本末的关系；再如叶梦得说
"德礼者化民之本也……刑政者治民之末也"③，也是相同的道
理。当然，对此阐发更为详致的当属朱子，他说："愚谓政者，
为治之具。刑者，辅治之法。德礼则所以出治之本，而德又礼
之本也。此其相为终始，虽不可以偏废，然政刑能使民远罪而

---

① 此处"孙"同"逊"，即恭顺的意思。郑玄注："孙，顺也。"见阮元
校刻：《十三经注疏》，第3575页。但是这里的恭顺，并不是逆来顺受、屈己
服从，而是民众的一种由内而外的认同，是一种具有主体性的追随。

② 卫湜：《礼记集说》，影印文渊阁《四库全书》第120册，第435页。

③ 卫湜：《礼记集说》，影印文渊阁《四库全书》第120册，第436页。

已，德礼之效，则有以使民日迁善而不自知。故治民者不可徒恃其末，又当深探其本也。"① 我们从本末的哲学意义上看，"本"往往能够决定"末"的属性，或者说"末"在某种程度上是依赖于"本"的，而这种关系不可反过来说。落实到德礼与刑政的关系，就是德礼能够决定刑政的属性与作用，或者说刑赏是需要在礼乐制度下运行的，反过来则不可行。所以《缁衣集传》说"仁义不立，则刑罚不清，而叛乱滋起"②，就是这个道理。

值得注意的是，如果说《礼记·缁衣》原文对德礼与刑政的择取，是出于对民之孙心与遁心的考虑，具有明显的结果主义倾向，宋儒及黄道周运用本末关系的解释，则不能说没有绝对主义的色彩。我们并不否认这种诠释的有效性，甚至可以赞成诠释的多样性。黄道周在诠释中，实际上突出强调了对刑赏的批判，甚至具有情感上的痛恨。黄道周在《缁衣集传》中引汉宣帝《岁上系囚诏》"令甲，死者不可生，刑者不可息。此先帝所重，而吏未称。今系者或以掠辜苦饥寒骈死狱中，何用心逆人道也！朕甚痛之。其令郡国岁上系囚以掠笞若瘐死者所坐、民、名、县、爵、里，丞相御史课殿最以闻"之后，评价说"是虽未至于德礼也，然以是殿最而世之侈为恶德者，亦可以衰息矣"③，即认为该诏书所言虽然不是以德礼来治

① 朱熹：《四书章句集注》，第54页。
② 黄道周：《缁衣集传》，影印文渊阁《四库全书》第122册，第1014页。
③ 黄道周：《缁衣集传》，影印文渊阁《四库全书》第122册，第1021页。所引汉宣帝《岁上系囚诏》出于班固《汉书》。

理天下，但是也体现了对施用刑罚的谨慎与反思。我们可以发现黄道周意在批判朝中官吏肆意滥用刑罚。所以他针对《礼记·缁衣》这段经文，极其愤慨地感叹："甚哉，严刑肃法之不可以治也。"①

二、政教目的的导出

在着重批判刑罚之后，黄道周也从正面论述了德礼作为政治工具的可行性。这就回到了上文对《礼记·缁衣》原文所提出的问题："子爱、信结、恭莅"是如何体现德与礼的？对这一问题的解释，历代注家并不统一。有如叶梦得认为"仁以爱之，信以结之，所谓教之以德也；恭以莅之，所谓齐之以礼也。德不止于一，故有仁有信；礼则恭而已矣"②，实际上叶氏是将"子爱、信结、恭莅"三者，与"教之以德""齐之以礼"进行机械性的分配；再如方悫认为"子以爱之，性也；信以结之，情也；恭以莅之，行也"③，以宋明理学中盛行的心性论来解释"子爱、信结、恭莅"，虽然三者分别与性、情、行一一对应，看似有一定的道理，但仍有拼凑的嫌疑。此类解释因无关宏旨，不再列举。

---

① 黄道周：《孝经集传》，第62页。黄道周这一段诠释内容在其对《孝经》所作"大传"的部分，也是针对所引的《礼记·缁衣》这段话而作的诠释文字。

② 卫湜：《礼记集说》，影印文渊阁《四库全书》第120册，第436页。

③ 卫湜：《礼记集说》，影印文渊阁《四库全书》第120册，第436页。

　　黄道周在《缁衣集传》给出的诠释为"子爱、信、恭，人心之礼乐所繇始也。乐始于和，归于严；礼始于严而归于和"[①]，意思是礼乐制度本是外在的规范，而"子爱、信结、恭莅"是人的内心的礼乐，亦即外在的礼乐制度发源于人心当中的"子爱、信结、恭莅"。这是礼乐由内而外的展开，可以说"子爱、信结、恭莅"与礼乐也是一种本末关系，"子爱、信结、恭莅"是礼乐的内在本源，礼乐则是"子爱、信结、恭莅"的制度构建。黄道周将二者的关系诠释出来了，这与宋儒的解释的区别在于宋儒侧重于内在的心性阐发，而黄道周相对关注外在的礼乐制度，体现了较为强烈的政治诉求。

　　他对礼乐的看法，仍是继承传统儒家的观点，即乐主要是体现"和"的作用，礼主要是体现"分"的特点。但是黄道周又进一步指出乐最终的目的是"分"，礼最终的归宿是"和"，将礼乐二者解释为互补而全的、相互转化的辩证关系，这就是"礼乐互根"的真谛。

　　在《缁衣集传》这部分的诠释中，黄道周侧重于对礼乐的阐发，即"子爱、信结、恭莅"与礼乐的关系，相形之下则忽略了"德礼"之德。但是我们仍然可以从他的其他著述中，看到"子爱、信结、恭莅"与德的关系。《孝经集传》载"子爱、信结、恭莅，犹未至于言孝也，然而可以观德焉。德者，教之

---

　　① 黄道周：《缁衣集传》，影印文渊阁《四库全书》第 122 册，第 1021 页。

所自出也。教立而后礼行，礼行而后德著"①，意思是礼之所以能运行，其背后需要有美德教化作为支撑，而"子爱、信结、恭莅"恰好是美德的体现。结合上文论述的"子爱、信结、恭莅"与礼乐的关系，我们可以从更为本质的层面上讲，美德就是礼乐的真正本源与根基。整个外显进路为"美德→子爱、信结、恭莅→礼乐"，即美德可以体现为"子爱、信结、恭莅"，而"子爱、信结、恭莅"可以外化为制度上的礼乐。

在阐明"子爱、信结、恭莅"与德礼的关系之后，就必须得回应"子爱、信结、恭莅"（或者说德礼）这样的工具是如何达到儒家的政教目的即民有顺心。历代注家对这一问题的回答，主要沿着《礼记·缁衣》与《论语·为政》两句话②的不同进路进行。一方面，《礼记·缁衣》这段话侧重于君主以自身的德礼（即"子爱、信结、恭莅"）来教化百姓，百姓会相应地做出反馈，反馈为"亲、不倍、有孙心"，突出的是君民之间的互动关系。《礼记正义》解释"君若教民以德，整民以礼，则民有归上之心"③，就体现了这一特点；再如宋代马睎孟解释："子以爱之则民亲之，言爱之如子则民亲之如父母矣；信以结之则民不倍，恭以莅之则民有逊心者，与夫'上好信则民用情，上好

---

① 黄道周：《孝经集传》，第 62 页。
② 即《礼记·缁衣》"夫民，教之以德，齐之以礼，则民有格心；教之以政，齐之以刑，则民有遁心。故君民者，子以爱之，则民亲；信以结之，则民不倍；恭以莅之，则民有孙心"，和《论语·为政》"道之以政，齐之以刑，民免而无耻；道之以德，齐之以礼，有耻且格"。
③ 阮元校刻：《十三经注疏》，第 3576 页。

礼则民易使’同意也。"①

　　黄道周在《缁衣集传》的诠释也沿袭这一进路，他说"君，子爱及其百姓，则民有父母之亲；信恭著于臣民，则臣民视之若江汉之不可逾越也"②，同样体现了君民之间的互动关系。但此诠释有其深刻与独特之处，在于一方面主张君主像对待子女一样对待百姓，百姓对君主就有父母之亲，即主张以情感拉近君民之间的关系；另一方面，黄道周十分强调君主的威严与礼制的神圣性，也就是说君民之间在情感上需要相通，但是君民在制度上的身份地位需有严格的区分。实际上，这就一方面主张以乐致"和"，一方面又强调以礼主"分"。礼和乐的同时在场，正好解释了黄道周"礼乐互根"的观点，这也是他救治晚明政治危机的一项基本主张。其实《缁衣集传》政教思想的目的，即民有顺心，也是需要从"分"与"和"两个角度来理解的。

　　而对德礼之工具如何达到儒家的政教目的这一问题，另有沿着《论语·为政》的进路进行解释的。例如马睎孟同时指出"德者所以养人于中，而在外有不正则又以礼齐之，此顺其性命之理，而善养人也，故民有格心。政者所以率人于外，而内有不从则又以刑齐之，此逆其性命之理，而以力服人也，故民有

----

　　①　卫湜：《礼记集说》，影印文渊阁《四库全书》第120册，第435-436页。

　　②　黄道周：《缁衣集传》，影印文渊阁《四库全书》第122册，第1021页。

遁心"①，再如吕大临说"德以道其心，使知有理义存焉；礼以正其外，使知有所尊敬而已。知有理义，知所尊敬，则知所以为善、为不善，然后其心知止"②，二人均以"德内礼外"的模式来说明德与礼对人的双重教化作用，而此教化之所以可能，是因为人的至善本性。可以发现，其诠释实际上预设了一个性善论的前提。

而性善论也是黄道周所极力推崇的，所以他并没有忽视另外的这一条诠释路径，他说"德者，善之所归也。孟子曰'人性之善也，犹水之就下。人无有不善，水无有不下'"③，认为君主的德行是众善所归，如果君主德行高越，善良的民众就如水之就下一般，纷纷来归附。这就是说，人的"善"具有一定的趋向性，是存有而且活动的，其自然趋向是"德"；反过来说，"德"就是对"善"的趋向性的最佳引导，这就是教化的实质。众善归于君子之德，实际上就是民有顺心的重要体现，也就是儒家政教思想的重要目的，或者可直接说成是一个教化目的。

三、"民有孙心"：政教思想的现实目的

上文已阐明，孙心即逊心、顺心，亦即归顺之心。而归顺并不是无条件地逆来顺受，那么民有顺心将归顺于何者？其实

---

① 卫湜：《礼记集说》，影印文渊阁《四库全书》第 120 册，第 435 页。
② 卫湜：《礼记集说》，影印文渊阁《四库全书》第 120 册，第 435 页。
③ 黄道周：《孝经集传》，第 62 页。

就是君子之道、大人之道。

《礼记·缁衣》原文曾为这一政教目的给出一个反例，具体是引《尚书》说"《甫刑》曰'苗民匪用命，制以刑，惟作五虐之刑，曰法'，是以民有恶德，而遂绝其世也"①，大意是《尚书·甫刑》记载苗民②的君主不用政令来教化民众，而是用刑罚来统治，制定五种酷刑称为法，所以苗民的德行败坏，其后世就灭绝了。③ 但是如果说民众的本性是至善的（此处"民众"包括三苗），为何在酷刑的统治下，民众就变得德行败坏呢？

黄道周针对苗民的问题，给出的解释是："尧舜之民多善，而苗民以恶德特闻，夫岂其性然哉？德教失于上，严刑束于下，从之不可，乃有遁心。《易》曰'不恶而严'，亦谓遁也。"④ 黄道周将尧舜治理下的民众与三苗之民相对比，指出苗民的恶德并不是自身至善本性的问题，也就是说，错不在于三苗之民，而在于三苗的君主。君主不施行德教，而以刑罚治理民众，民众会产生遁心，纷纷想着逃离，也就是"民既不服，

---

① 黄道周：《缁衣集传》，影印文渊阁《四库全书》第 122 册，第 1021 页。

② "苗民"是指"郑注《吕刑》云'苗民，谓九黎之君也。九黎之君于少昊氏衰而弃善道，上效蚩尤重刑，必变九黎'。言'苗民'者，有苗，九黎之后，颛顼代少昊诛九黎，分流其子孙，为居于西裔者；三苗至高辛之衰，又复九黎之君恶，尧兴，又诛之；尧末又在朝，舜时又窜之。后王深恶此族三生凶恶，故著其氏而谓之'民'。民者，冥也，言未见仁道"。见阮元校刻：《十三经注疏》，第 3576 页。

③ 杨天宇：《礼记译注》，第 734 页。

④ 黄道周：《孝经集传》，第 62 页。

而后为刑威以治之，虽集干戈、丛斧钺而已不足矣"①。这就
回到了民众在不同政治治理之下，所产生的"格心"与"遁
心"的问题。

关于"格心"与"遁心"的意涵，历来的主流解释为
"格，本也"或"格，来也"，"遁，逃也"②。此外，也有人将
"格"解释为正的意思，"格者，正也。政者所以禁民为非，刑
者所以惩民之为非。禁也者，非能使之知不善而不为，亦强制
之而已；惩也者，非能使之知耻，使之知畏而已。故民非心悦
而诚服，欲逃其上而不可得，此所以有遁心"③（吕大临），这
一解释主要是突出了对人心的教化行为，即正心。当然，从训
诂学的角度上看，"来"与"逃"相对而解释，应该说是比较准
确合理的。也有人将"遁"解释为藏的意思，"遁言其藏也，心
藏于内而外服之，迫之以刑政之严而已"④（叶梦得），这一解
释突出了内外不一的特点，即保持本心的独立性，同时其外表
却是屈从顺服的。这一解释强调本心的纯粹与隐忍，但是实际
上过于柔弱，有失先秦儒者的刚毅色彩；如果将"遁"解释为
逃离，则更能展现出作为人的本心与行为的独立性。

黄道周在《缁衣集传》中沿袭主流的解释，但其诠释的精

---

① 黄道周：《缁衣集传》，影印文渊阁《四库全书》第 122 册，第 1014
页。
② 阮元校刻：《十三经注疏》，第 3575-3576 页。
③ 卫湜：《礼记集说》，影印文渊阁《四库全书》第 120 册，第 435 页。
④ 卫湜：《礼记集说》，影印文渊阁《四库全书》第 120 册，第 436 页。

彩处不在于解释出新奇的意涵，而是在于阐发出为何"格"要解释为"来""遁"要解释为"逃"的内在原因。这种诠释方式，如果借用当前学界所谓"用'汉学'方法钩稽'宋学'课题"① 的说法，可以相应地表述为"用'宋学'方法钩稽'汉学'课题"，或者说是以理学的义理解释经学的问题。这样的诠释方式，一方面既是对汉唐经学时代训诂成果的继承，以此作为诠释的基础与出发点，一方面又发扬宋明理学的长处，阐发语言文字训释背后的义理思想，由此反过来检验文字训诂的准确性，可以说是比训诂考证更深入一层。同时，黄道周在此处的诠释又极其独特，是以《周易》辅助阐明。《缁衣集传》云：

> 风泽相遇，谓之"中孚"，中孚为格，格者，君子之道也。山伏于天，谓之"遁"，遁以远恶，小人之道也。随风为"巽"，巽以申令，大人之道也；无当于是，而以恶德为训，谓之苗民。苗民者，高辛氏之乱臣也。舜以苗顽，谀说欲修侯挞之威，其大臣至，以傲虐相戒，然后终于礼乐，其意远矣。②

我们说将"格"解释为"来"，这是训诂学上的注释，但是

---

① 舒大刚主编：《儒学文献通论》下，福州：福建人民出版社，2012年，第 1657 页。

② 黄道周：《缁衣集传》，影印文渊阁《四库全书》第 122 册，第 1021页。

在《缁衣》的经学义理上，"格"为什么是"来"呢？是因为民众信从君子之道，所以纷纷前来归附。黄道周认为此处的"格"义与《周易》中孚卦是相通的。因为中孚具有信德的内涵，即中孚为信；而信意味着愿意归附，这就是"格"的意思，可以说信任是归附的前提。从政治层面上讲，君主希望民众前来归附，就需要先获得民众的信任。

实际上，黄道周是将"格心"诠释为民众的一种政治需求与渴望，即劝诫君主要具有德行，才能获得民众的信任。《周易》中孚卦的大象辞为"泽上有风，中孚；君子以议狱缓死"，黄道周解释道"君子信以求身，仁以量人，恕己及物，而后天下归之。……议而多缓，则民信之矣。泽中有风，不出于泽；狱中议缓，不出于狱。虽有失出，不为大过。及其究也，以行过乎恭，丧过乎哀，用过乎俭"①，意思是君主如果想要民众信任并前来归附，其自身就需要具备德行，而不是专以刑赏治天下。将"格"解释为"来（归附）"的这一过程中，其背后隐含着一个更为深层的道理是民众的信任；因而将"格心"解释为归附之心，更本质地说就是信从之心。黄道周正是将这一层隐含的义理阐明出来，应该说相较于历代其他注家，是更为深刻的。民有格心，这个"格"的本质就是民众信从君子之道；我们也可以说，儒家的政教目的之"民有孙心"就是使民众具有信从之心，其所指对象不仅仅是民众本身，更有内在的要求

---

① 黄道周：《易象正》，第414页。

指向君主德行。

　　同样的道理，黄道周认为《礼记·缁衣》中此处的"遁心"与《周易》遁卦的义理是相通的。遁卦的大象辞为"君子以远小人，不恶而严"，那么从对"遁心"的解释上看，为何民众会产生逃离之心呢？是因为民众要逃离小人之道，即专以政刑治天下的君主的恶德。如果说历代注家的解释基本集中在对德礼与政刑的优先择取上，那么黄道周的诠释则阐发德礼与政刑背后的内在原因，即进行君子之道与小人之道的定性，认为施行德礼就是君子之道，施行政刑则是小人之道。基于此，对德礼与政刑的优先择取，自然是不言而喻了。

　　所以君主在对民众进行命令与教化时，应当以德礼作为指导标准，这才能彰显圣王之道。黄道周认为这样的圣王之道与《周易》巽卦的义理是相通的。因为巽卦具有谦顺进入的内涵，是君主对民众的申命教化。必须说明的一点是，在这里，申命就是政治上的教化，就是为了达到教化的目的。《周易》巽卦大象辞为"随风，巽；君子以申命行事"，黄道周说"习坎、随风，君子皆以命教，何也？水之与风，皆渐而善入也。巽之善入，可以语化矣……大人者，中正以为道，而顺巽以为动，不干民誉，不违民好。……故通于民志，可以知巽之道矣"[1]，这里"善入"的意思是君主对民众的教化是以谦顺进入的方式而进行的，不违背民众的意愿，也就是君主需要与民众的心志相

————————

[1]　黄道周：《易象正》，第396页。

通，从而获取民众的信任，使民众产生归附之心。所以圣王之道就是巽之道，就是善入而教化之道。

很显然，历史上的苗民是一个反面案例，原因在于他们的君主并不是采用善入教化的方式。作为圣王的虞舜，面对顽固的三苗之民，不再是专以刑罚武力作为治御手段，而是采用礼乐教化的方式，使苗民最终服从归顺。这一历史典故在先秦文献中有不少记载。如《韩非子·五蠹》载："当舜之时，有苗不服，禹将伐之。舜曰：'不可，上德不厚而行武，非道也。'乃修教三年，执干戚舞，有苗乃服。"圣王虞舜就是通过礼乐教化的政治工具，达到使苗民产生顺服之心的政治目的。

总之，儒家政教思想的现实目的是使民众产生信从之心，从而产生归顺之心。这一点也可以称为教化目的，而其政教思想的终极目的是达到易简之政，即"礼乐者，易事而易知之具也"①。也就是说，"民有孙心"既是儒家政教思想的现实目的，也是达到儒家政教思想的终极目的的工具。

四、易简之政：政教思想的终极目的

我们说"民有孙心"只是儒家政教思想的教化目的，并不是终极目的。"民有孙心"既是一个目的，也是通往终极目的的

---

① 黄道周：《缁衣集传》，影印文渊阁《四库全书》第122册，第1021页。

一个工具。而儒家政教思想的终极目的是落在政治层面的，即要达到易简之政。

与易简相对立的状态是烦难，而在政治上导致烦难状态，则是因为过度使用刑罚。黄道周说"人主之举错不严于一二人，而使干戈斧钺严于天下，圣人谓是已烦矣"①，这句话就解释了烦政的原因，所谓"一二人"实际上是指小人，君主的政治管理只需对付少量的小人即可，而如果大兴刑罚以治理天下，那就是烦政了。这里隐含着一个问题，为何不可以刑罚治天下，或者说以刑罚治天下的烦政，为何就会导致政治败坏呢？

《缁衣集传》云："原刑狱所以繁若此者，礼教不立，刑法不明，民多贫穷，豪杰隐奸之所致也"；"今堤防陵迟，礼制未立，死刑过制，生刑易犯，饥寒并至，穷斯滥溢，豪杰擅私，为之囊橐，奸有所隐，则狃而浸广，此刑之所以繁也"。② 可以发现，大兴刑狱的烦政是有原因的，主要是为了对付乱民，即为了社会的安治。而更进一步说，导致混乱的社会现象有着更为深层的原因，是"礼教不立，刑法不明"，这才是施行烦政的根本原因。如果君主没有施行礼教，没有明确刑法，那么在礼制被荒废、刑罚被滥用的情况下，一系列的社会乱象会随之产生，包括饥寒、贫困、贪婪、自私、奸邪、恶行等。而统治者

---

① 黄道周：《缁衣集传》，影印文渊阁《四库全书》第 122 册，第 1014 页。

② 黄道周：《缁衣集传》，影印文渊阁《四库全书》第 122 册，第 1015 页。

面对这一系列的社会乱象时，只能大兴刑狱以对付。

事实上，大兴刑狱只能抑制社会乱象的发生，只是停留在社会治理的表层，无法追溯到乱象的本源，也就是俗语所说"治标不治本"。一系列的社会乱象，都是由乱象本源问题所产生的，所以我们不应纠结于社会乱象的"末"的枝叶上，而应该追溯到乱象的本源问题，亦即以治本为主。真正从根源问题上去思考的话，就需要明白烦难之政与社会乱象的本质原因在于礼乐教化的问题。也就是说，只要处理好礼教的问题，由此衍生出来的一系列问题都会迎刃而解。而当我们理解了这一治理之道，其实就等于把握了易简之理。

所以《缁衣集传》引《礼记·乐记》说"'暴民不作，诸侯宾服，兵革不试，五刑不用，百姓无患，天子不怒，如此则乐达矣'，故易简者，礼乐之端"①，意思是只要把握住礼乐教化，那么暴民与诸侯都能臣服，兵刑则可以停息，就能达到君主无为、社会安治的易简状态。这样的推衍路径所体现的就是"易事易知，化之原也"②的道理。

我们可以将易简的政治状态，视为一种理想的和谐社会。"易简"的来源是《周易·系辞上》中的"乾以易知，坤以简能。易则易知，简则易从。易知则有亲，易从则有功，有亲则可久，有

---

① 黄道周：《缁衣集传》，影印文渊阁《四库全书》第 122 册，第 1015 页。

② 黄道周：《缁衣集传》，影印文渊阁《四库全书》第 122 册，第 1018 页。

功则可大。可久则贤人之德，可大则贤人之业。易简而天下之理得矣，天下之理得，而成位乎其中矣"，体现了中国古人实在又玄远的智慧。黄道周在《榕坛问业》中对此曾有一段诠释："世人只管要德业，不要易简，所以将无作有，将虚作盈，将约作泰，事事俱有枝叶，把自己知能看作天下权变。……既不可久，如何可大？只是中不易简，所以无恒。……易简只是恒性，今人说良知良能，便要静虚吐灵，发许多光焰出耳，何不说易知简能，朴朴实实，无机无械？"①　他主要是批评阳明后学流于虚空的德性追求，认为大道至简而且永恒不变，只有朴朴实实、无机无械的易简道理才是至道所在。良知良能实际上就是在易简的状态中，所以不需要刻意执着于静虚中去寻求什么灵光出来。

如果说王阳明的求本心之理是对朱熹格万物之理的一次化约式的否定与超越，那么黄道周的把握易简之理是对阳明心学进行实在化的又一次否定与扬弃。析而言之，易简的道理在于天地万物的日常运行当中，实实在在、简简单单、明朗晓畅、有序不乱的天地规律就是能够持久永恒的、最为理想的状态。如此实在与永恒的易简状态，就是贯穿天地运行之始终的终极状态。所以说"为上易事，为下易知，天地之道也。天地之质在于成物，其令著于四时，天地所以不烦也"②，就如天地的旨

---

① 黄道周：《榕坛问业》，影印文渊阁《四库全书》第 717 册，第 453 页。

② 黄道周：《缁衣集传》，影印文渊阁《四库全书》第 122 册，第 1015 页。

令施行于四季运行当中，既无声无臭，又能生物成德，这就是易简的道理。这样的道理如果运用于政治运作中，就是要达到君民上下易事易知、明朗通透的理想状态，而不需要求助于烦难的政治手段。

总而言之，政治教化思想是儒家思想的一个重要部分，也是黄道周《缁衣集传》的思想主旨。黄道周秉承传统儒家仁政德政的主张，对刑赏的政治手段提出批判，认为政治工具应当以礼乐教化为主，由此才能达到"民有孙心"的教化目的。民有顺心并不是说使民众无条件地屈从君主，而是信服于君主的德行，突出了民众自身的政治主体性。而"民有孙心"的教化目的，也是儒家政教思想之达到终极目的的一个工具，其终极目的就是达到理想的易简之政。易简之政反映了黄道周在面临晚明时期的种种现实问题，包括政治上君民上下隔绝的问题、思想上阳明后学流于虚空的弊端，而提出的对阳明后学进行反思与超越的、求实致用的思想主张，以及在传统政治体制不动摇的大框架当中，提出缓和君臣矛盾、拉近君民关系的政治改良诉求。

结　语

　　《缁衣》原是儒家传世经典《礼记》中的一篇，在两千多年来的儒学史上，受到的关注其实寥寥无几，远不如同在《礼记》中的《大学》《中庸》《礼运》《王制》等。但自从郭店楚简《缁衣》与上博简《缁衣》出土之后，《缁衣》开始受到极大的关注。随后相继诞生诸多出土文献《缁衣》的研究成果，除了大量的期刊论文，专著就有虞万里著《上博馆藏楚竹书〈缁衣〉综合研究》（武汉大学出版社，2009）、邹浚智著《〈上海博物馆藏战国楚竹书·缁衣〉研究》（花木兰文化出版社，2006）、王力波著《郭店楚简〈缁衣〉研究》（时代文艺出版社，2005）、王立波编著《郭店楚简缁衣校注》（吉林大学出版社，2005）等。相比于出土文献《缁衣》的研究，在儒家经典诠释史上，其实有一部传世文献《缁衣》单篇别行的诠释本，即黄道周《缁衣集传》。在出土文献《缁衣》相关研究已有一定深度的情况下，有必要重新发掘传世文献《缁衣》本身所蕴含的学术价值。

　　晚明大儒黄道周的《缁衣集传》，是《礼记·缁衣》诠释史上唯一一部单篇别行的诠释文本，对《缁衣》研究乃至《礼记》

学研究的贡献极大。包括《缁衣集传》在内的黄道周《礼记》五书（《儒行集传》《缁衣集传》《坊记集传》《表记集传》《月令明义》），是《四库全书》中除了《礼记大全》之外，收录的明代全部《礼记》学著作。这充分突显出，在《四库》馆臣苛刻的眼光下，黄道周《缁衣集传》所蕴含的学术价值。本书正是基于黄道周《缁衣集传》，发掘儒家传世经典《缁衣》所蕴含的治道思想内容，由此，区别于两种出土简本《缁衣》的文献研究。

首先，在《缁衣》的作者问题与言论者问题上，黄道周坚持认为《缁衣》属孔子之言，由公孙尼子记录。在《缁衣》宗旨问题上，黄道周继承传统的好贤好善的观点，在深度与广度两方面的阐释均有重大突破。一方面将好善追溯到人性论的层面进行讨论，另一方面则是将君主的好恶推广到全体民众的好恶，进而提出自己的政治主张。因而《缁衣集传》一书，在黄道周思想研究与儒家经学史研究上，均有独特的学术价值。

黄道周《缁衣集传》作为《礼记·缁衣》诠释史上唯一单篇别行的诠释文本，具有鲜明的时代特色与诠释者本身的治学风格。《缁衣集传》将原经文分作 23 章，并冠以章名。其解经并未采用训诂考据的方式，而是以阐明大义为主，主要有易学化、理学化、实学化三个特点。在易学化方面，纳入了包括诠释者本人独特的变卦解易等作为解经方式，寄托诠释者的思想主张。理学化体现为三个方面：使用理学特有的术语解经；预设宋明理学的主要命题；诠释的思维模式具有明显的理学特征。

在实学化方面，体现为体道求实的主张、经世致用的诉求、实测之学的运用等特点。

其次，从心性层面看，好恶问题是《缁衣》的主旨问题，《缁衣集传》对好恶问题有相对完善的阐释，认为人之"好恶"属于先天的人性能力。如果将论域扩展到整个宋明理学，主要有将人之"好恶"归于性与归于心的两派，分别以朱熹与王阳明的学说为代表。但朱熹在自身的心性论框架中出现矛盾，王阳明在其整个理论概念中也有模糊混乱的地方；晚明刘宗周在心学范畴内提出"好恶"归于意的说法，对阳明学说做了修正。通过探讨西方哲学的代表人物亚里士多德与康德对好恶问题的解释，即在理性与感性、内在与外在、先天与后天等方面的哲学思辨，可加深对传统儒家对待好恶问题的认识与把握。

在治道上，好恶问题可以延伸到君子小人之辨。君子小人之辨是中国古代思想史上的重要命题，直至宋明时期仍得到理学家的不断阐发。《缁衣集传》集中讨论了君子小人之辨，主要以人性中的好善恶恶作为出发点与立足点，从义利之辨、理欲之辨、公私之辨、名实之辨四个维度展开。一方面肯定了在现实中行为选择时的好恶之难，另一方面则对君子所"应当"的伦理行为进行论证，认为应当坚定地奉行君子行为，提出君主在政治中应当与君子一道，亦即以贤良为辅助伴侣。黄道周实际上是主张本性中好善恶恶的真实呈现，而极力反对人性被后天积习所异化。

并且，黄道周将《缁衣》的人之好恶拓宽而视为全民的人性，主张根据民之好恶，建立礼乐教化，从而达到政治上易简不烦的理想状态。政治教化的关键之处在于，君主以诚作为治理天下的美德根本，而君主人臣在政治实践中始终保持敬慎，由此确保天下百姓对为上者的信任，从而达到理想的易简之政。这三种伦理美德的落实，实际上是建立在三种不同政治角色相互交错的基础之上。

再次，从政治伦理的层面看，在传统儒家的观念中，"君为民表"与"君为臣纲"相仿，主要都是针对君主而言的。"君为民表"的合法性在于"君者日也"的设定，而君主应当如何作为才能拥有作为"民表"的资格，这意味着需要为君主制定一定的伦理规范。效法天地规则的君子就是此制定者，而能够成为这样的君子唯有仁者。仁者不仅是政治规则的制定者，同时意味着是政治权力的把握者。传统儒家其实期望君主成为这样的仁者，因而对仁与不仁做出具体定性，提出君主若是不仁，就无法获得民众的认可，从而提出长民者须好仁先行。此观点一方面体现君主行仁道先于民众的特点，另一方面又指明了君主作为民表具有教化民众的政治职责。从好仁到争先行仁，其根源在于君主自身德性的觉醒。

儒家对"民表"的刻画，是将政治权力与教化能力合二为一，实际上是一种"圣王"形象的体现。黄道周对"君为民表"思想的政治伦理建构，是通过对谨言慎行的论证而展开的。在慎言方面，君主言论的影响之大，从空间的范围之广与时间的跨度之长获得论证，王言之难意味着集权在身之难。在谨行方面，从整体上把握谨言慎行的政治行为，就是以"敬"统摄言行。君子行道能持久不衰，是因为做敬的工夫，敬是"道"得以显现或对人发生意义的源源不断的能量。在传统儒家看来，能够导人和禁人的方法不是强制性的命令和宪法，而是身为"民表"的表率作用。因此上下之间"易事易知"的易简之政，才是"君为民表"思想的政治旨归。君主若做好"易事"的民表形象，臣民也会跟着做到"易知"，由此上下相通，共同缔造易简之政。

在君民关系上，《缁衣集传》集中阐释了四种比喻。通过天爱日月之喻，黄道周主张君民之间情感相通、互相亲爱。但这并不意味着亲密到亵狎的程度，所以君主应保持敬慎，对天下事务须考虑周密，这就是舟水之喻的道理。基于此，黄道周扬弃与超越了以往对山地之喻与心体之喻的认识，提出君民之间最好的状态是君民同构、感通、平等。面对明代以来政治上的"阳儒阴法"问题，作为一代醇儒的黄道周力图剥除"阴法"而恢复纯粹的儒家颜色。他的政治主张虽然不出传统儒家政治思想的大框架，不像清初思想家对秦汉以来的政治制度提出猛烈的批判，但是他强调臣民的政治主体性，已经产生明显的平等观念，体现了晚明时期新民本思想的特点。

最后，在政治方式的择用上，黄道周对政治中的权术、法令、刑赏等进行了深刻反思。尤其是刑赏方面，黄道周将其与政教联系起来，他的推衍模式不同于宋儒的"政教→刑赏"，而是继承皇侃、孔颖达等人"刑赏→政教"的推衍进路，主要在外王的政治层面展开，突出经世致用的治道思想。在这一推论模式中，黄道周的创新在于引进君子与小人的概念，故其推论模式可详细表达为"刑赏失当→小人进而君子退→政教不行"。并且黄道周运用自然灾害与雩祀的比喻，阐明政教不可完全依赖于刑赏，但又不能完全废弃，从而对刑赏进行扬弃。黄道周对政教思想的正面立论集中于"敬明"一涵。他从哲学的高度上阐明"敬"与"明"是体用关系，"敬"是政治背后的本体，而"明"是"敬"之用，也就是政治的良好运行。所以黄道周提出君主应当先以"敬明"修身，从而避免滥刑轻爵，得以"敬明"治天下，亦即从修身一直到治天下的开展，体现了儒家内圣外王的进路。

《缁衣》对儒家政治教化的"工具"与"目的"之关系，具有较为完整的表述，而黄道周《缁衣集传》对此进行了深刻的阐发。礼乐制度是使民有孙心的正确工具，政治刑赏须在礼乐制度下运行，而礼之所以能运行，背后需有德行教化作为支撑。君主的德行是众善所归，众善归于君子之德是民有孙心的体现。可以说这是民众的一种政治需求，即君主须具有德行才能获得民众的信任，所以民有孙心其本质是信从之心。"民有孙心"既是儒家政教思想的教化目的，也是通往终极目的的工具，终极目的是达到易简之政。易简的道理在于天地万物的日常运行中，简单实在、明朗晓畅的天地规律就是持久永恒的理想状态；运用于政治运作中，就是达到上下易事易知、明朗通透，不需求助于烦难的政治手段。

参考文献

1）黄道周：《坊记集传》，影印文渊阁《四库全书》第 122 册，台北：商务印书馆，1986 年。

2）黄道周：《洪范明义》，影印文渊阁《四库全书》第 64 册，台北：商务印书馆，1986 年。

3）黄道周：《黄道周集》，翟奎凤、郑晨寅、蔡杰整理，北京：中华书局，2017 年。

4）黄道周：《榕坛问业》，影印文渊阁《四库全书》第 717 册，台北：商务印书馆，1986 年。

5）黄道周：《孝经集传》，许卉、蔡杰、翟奎凤点校，北京：中国社会科学出版社，2020 年。

6）黄道周：《易象正》，翟奎凤整理，北京：中华书局，2013 年。

7）黄道周：《缁衣集传》，影印文渊阁《四库全书》第 122 册，台北：商务印书馆，1986 年。

8）黄道周：《表记集传》，影印文渊阁《四库全书》第 122 册，台北：商务印书馆，1986 年。

9）陈亮：《陈亮集》，北京：中华书局，1987 年。

10）程颢、程颐：《二程集》，北京：中华书局，1981 年。

11）程树德：《论语集释》，北京：中华书局，1990 年。

12）杭世骏：《续礼记集说》，清光绪三十年浙江书局刻本。

13）郝敬：《礼记通解》，明九部经解本。

14）何休注、徐彦疏、阮元校刻：《春秋公羊经传注疏》，《十三经注疏》，北京：中华书局，2009 年。

15）侯真平：《黄道周纪年著述书画考》（上、下），厦门：厦门大学出版社，1994 年、1995 年。

16）胡广：《礼记大全》，影印文渊阁《四库全书》第 122 册，台北：商务印书馆，1986 年。

17）黄榦：《勉斋集》，元刻延祐二年重修本。

18）黄宗羲：《明夷待访录》，何朝晖点校，南京：凤凰出版社，2017 年。

19）贾谊：《新书校注》，阎振益、钟夏校注，北京：中华书局，2000 年。

20）孔安国、孔颖达：《尚书正义》，北京：北京大学出版社，2000 年。

21）李零：《郭店楚简校读记》，北京：中国人民大学出版社，2007 年。

22）刘沅：《礼记恒解》，清道光刻本。

23）刘宗周：《刘宗周全集》，吴光主编，杭州：浙江古籍出版社，2012 年。

24）罗泽南：《姚江学辨》，清咸丰九年刻罗忠节公遗集本。

25）吕大临等：《蓝田吕氏遗著辑校》，陈俊民辑校，北京：中华书局，1993年。

26）马瑞辰：《毛诗传笺通释》，北京：中华书局，1989年。

27）毛亨注、郑玄笺、孔颖达疏：《毛诗正义》，北京：北京大学出版社，2000年。

28）皮锡瑞：《礼记浅说》，清光绪二十五年刻本。

29）丘濬：《大学衍义补》，影印文渊阁《四库全书》第712册，台北：商务印书馆，1986年。

30）孙希旦：《礼记集解》，沈啸寰、王星贤点校，北京：中华书局，1989年。

31）谭嗣同：《谭嗣同全集》，北京：生活·读书·新知三联书店，1954年。

32）唐甄：《潜书》，吴泽民编校，北京：中华书局，1963年。

33）王弼、韩康伯注，孔颖达疏：《周易正义》，北京：北京大学出版社，2000年。

34）王阳明：《王文成公全书》，王晓昕、赵平略点校，北京：中华书局，2015年。

35）卫湜：《礼记集说》，影印文渊阁《四库全书》第120册，台北：商务印书馆，1986年。

36）吴兢：《贞观政要》，上海：上海古籍出版社，1978年。

37）徐霞客：《徐霞客游记》，褚绍唐、吴应寿整理，上海：上海古籍出版社，2007年。

38）颜元：《颜元集》，北京：中华书局，1987 年。

39）《四库全书总目》，北京：中华书局，1965 年。

40）真德秀：《大学衍义》，影印文渊阁《四库全书》第 704 册，台北：商务印书馆，1986 年。

41）郑玄注、孔颖达疏：《礼记正义》，北京：北京大学出版社，2000 年。

42）周中孚：《郑堂读书记》，北京：商务印书馆，1958 年。

43）朱熹：《诗集传》，南京：凤凰出版社，2007 年。

44）朱熹：《四书章句集注》，北京：中华书局，1983 年。

45）朱熹：《周易本义》，廖名春点校，北京：中华书局，2009 年。

46）黎靖德编：《朱子语类》，王星贤点校，北京：中华书局，1986 年。

47）蔡杰：《易学视野下的〈月令〉新诠——黄道周〈月令明义〉研究》，《周易研究》2018 年第 3 期。

48）蔡杰：《由易观礼——〈周易〉履卦大象传诠释》，《国学论衡》第七辑，王晓兴主编，北京：社会科学文献出版社，2018 年。

49）蔡杰、翟奎凤：《黄道周对孟子性善论的坚守与诠释》，《集美大学学报（哲社版）》2017 年第 2 期。

50）晁福林：《"君民同构"：孔子政治哲学的一个重要命题——上博简和郭店简〈缁衣〉篇的启示》，《哲学研究》2012 年第 10 期。

51）陈澔：《礼记集说》，影印文渊阁《四库全书》第 121 册，台北：商务印书馆，1986 年。

52）陈经：《陈氏尚书详解》，影印文渊阁《四库全书》第 59 册，台北：商务印书馆，1986 年。

53）陈来：《黄道周的生平与思想》，《国学研究》第 11 卷，北京：北京大学出版社，2003 年。

54）翟奎凤：《变卦解〈易〉思想源流考论》，《中国哲学史》2008 年第 4 期。

55）葛荣晋主编：《中国实学思想史》，北京：首都师范大学出版社，1994 年。

56）侯真平、娄曾泉：《黄道周年谱》，福州：福建人民出版社，1999 年。

57）胡治洪：《原始儒家德性政治思想的遮蔽与重光——〈缁衣〉郭店本、上博本与传世本斠论》，《孔子研究》2007 年第 1 期。

58）［德］康德：《纯粹理性批判》，邓晓芒译，北京：人民出版社，2004 年。

59）［德］康德：《道德形而上学原理》，苗力田译，上海：上海人民出版社，2002 年。

60）［德］康德：《实践理性批判》，韩水法译，北京：商务印书馆，1999 年。

61）李学勤主编：《字源》，天津：天津古籍出版社；沈阳：辽宁人民出版社，2012 年。

62）林忠军、张沛、张韶宇等：《明代易学史》，济南：齐鲁书社，2016 年。

63）刘信芳：《郭店简〈缁衣〉解诂》，《郭店楚简国际学术研讨会论文集》，武汉：湖北人民出版社，2000 年。

64）牟宗三：《〈孟子〉演讲录》第六讲，卢雪崑整理，《鹅湖月刊》2004 年第 5 期。

65）牟宗三：《牟宗三文集》，吴兴文主编，长春：吉林出版集团有限责任公司，2015 年。

66）屈万里：《尚书集释》，上海：中西书局，2014 年。

67）沈佳胤：《翰海》，明末徐含灵刻本。

68）舒大刚：《儒学文献通论》，福州：福建人民出版社，2012 年。

69）唐文明：《人伦理念的普世意义及其现代调适》，《道德与文明》2015 年第 6 期。

70）王锷：《〈礼记〉成书考》，北京：中华书局，2007 年。

71）［古希腊］亚里士多德：《尼各马科伦理学》，苗力田译，北京：中国人民大学出版社，2003 年。

72）杨天宇：《礼记译注》，上海：上海古籍出版社，2012 年。

73）虞万里：《从先秦礼制中的爵、服与德数位一体诠释〈缁衣〉有关章旨》，《史苑英华——上海社会科学院历史研究所论文精选》，上海社会科学院历史研究所编，上海：上海社会科学院出版社，2008 年。

74）虞万里：《上博馆藏楚竹书〈缁衣〉综合研究》，武汉：武汉大学出版社，2009 年。

后　记

　　黄道周与我是同乡，也是我一直以来的研究对象。但本书内容的撰写，其实很早，是数年之前初涉中国哲学时，就已经基本写成。当时主要是研究黄道周的"《礼记》五书"（《儒行集传》《缁衣集传》《坊记集传》《表记集传》《月令明义》），最开始是写了一篇《儒行集传》的研究论文，然后较为系统地写了三篇《月令明义》的研究论文，之后才系统展开对《缁衣集传》的研究。因为有此前《儒行集传》与《月令明义》积攒下来的研究经验，再加上当时阅读了一些介绍伦理学和政治哲学的书籍，于是一开始写作就没有刹住，直至写完整整十篇小论文为止。这十篇文章是基于《缁衣集传》的文本研读而形成的系统的研究成果，也是本书稿的最初形态，应该说能够较为全面地反映《缁衣集传》的基本内容。

　　不可否认的是，本书的主体内容是初涉中国哲学时所撰，当时的研究方法与研究思路以及对儒学的看法，与现在有巨大的差别。很难说现在比于当时就有所进步，但可以明确的一点是，当时的研究更多是直接挪用中国哲学专业已经十分成熟的、甚至有些僵化了的研究范式，对这一套研究范式背后的方法、视角以及概念背景并没有深入的了解。所以现在看来，难免有些许不满。如今将这部薄薄的书稿予以出版，除了作为入职之后的科研成果，从某种意义上讲，是为最初进入中国哲学专业的学习和研究画上一个句号，以此作为流年的一个印记。

如今入职已有一年之余，从现实角度来看，工作的日子已与上学的时光有所不同，然而在依然懵懂无知的日子里，在一切又从零开始计起的挑战中，在独自穿梭于车水马龙的济南，反而令人更加以学习的态度面对生活的一切，面对所有遇到的前辈和友人，面对陈旧又崭新的学问，无怨无悔！在这一年来，所有帮助过我的人，我将牢记于心，念念感恩，并且在此特别感谢山东大学儒家文明协同创新中心对本书的资助出版。

蔡　杰

癸卯仲秋于知新楼